吉林少数民族丛书

2015年度吉林省社会科学基金项目（重点委托项目）

项目编号：2015WT5

吉林少数民族丛书

朴松烈 主编

吉林满族

许淑杰 编著

辽宁民族出版社

图书在版编目（CIP）数据

吉林满族 / 许淑杰编著. —沈阳：辽宁民族出版社，2016.5
（吉林少数民族丛书 / 朴松烈主编）
ISBN 978-7-5497-1335-6

Ⅰ. ①吉… Ⅱ. ①许… Ⅲ. ①满族—民族历史—吉林省 Ⅳ. ①K282.1

中国版本图书馆CIP数据核字（2016）第116124号

吉林满族
JILIN MANZU

出版发行者：辽宁民族出版社
地　　址：沈阳市和平区十一纬路25号　邮编：110003
印　刷　者：辽宁新华印务有限公司
幅 面 尺 寸：180mm×250mm
印　　张：14
字　　数：250千字
出 版 时 间：2016年5月第1版
印 刷 时 间：2016年10月第1次印刷
责 任 编 辑：李　璜
封 面 设 计：杜　江
责 任 校 对：林　华

标准书号：ISBN 978-7-5497-1335-6
定　　价：42.00元

法律顾问：陈　光
举报电话：024-23284336

邮购电话：024-23284335
如有印装质量问题，请与出版社联系调换
联系电话：024-23284340
网　　址：www.lnmzcbs.com
淘宝网店：lnmz2013.taobao.com

《吉林少数民族丛书》
编辑委员会

总 序

我们十分高兴地把《吉林少数民族丛书》推荐给各位读者。

这是迄今为止吉林省第一套全面、系统介绍全省少数民族的专著。它的问世，是吉林省民族学界在这一领域开拓性研究成果的展示，也为省内外读者了解吉林少数民族、关注吉林少数民族打开了一扇窗。

吉林省地处东北地区中部，东枕长白山林海雪原，中居松辽平原腹地，西连内蒙古科尔沁草原，松花江碧流贯穿其间。根据考古发现，距今7万年至1万年前，“榆树人”“安图人”“青山头人”就已生活在这片土地上。吉林是古代华夏、东胡、秽貊、肃慎四大族系交汇之地，东胡族系的乌桓、鲜卑、契丹、室韦、蒙古，秽貊族系的夫余、高句丽，肃慎族系的肃慎、挹娄、勿吉、靺鞨、女真、满洲等古代民族，都曾在吉林大地上演过一幕幕鲜活壮阔的历史剧。斗转星移，随着历史的演进，各民族不停地在历史长河中碰撞、融合、再生，有的民族延续至今，有的民族融入其他民族，形成新的民族共同体。时至今日，吉林省共有55个少数民族，其中人口较多的有朝鲜族、满族、蒙古族、回族、锡伯族等5个少数民族，并仍保留着东部满族、朝鲜族，西部蒙古族，中部及遍及全省的回族大杂居小聚居的民族分布格局。各民族共同组成了2700万人口的大家庭，共同开发了白山松水锦绣家园，共同创造了悠久的吉林历史、灿烂的吉林文化和独特的吉林民族风情，极大地丰富了中华民族文化宝库。

民族作为一个历史范畴，是人类社会发展到一定阶段的产物，有其产生、发展和消亡的客观规律。不同的地域风格，不同的民族背景，不同的历史传统，熔铸出不同品格的民族个性，也表现出各民族自身存在的独特价值。正如古人所说："凡民函五常之性。而其刚柔缓急，音声不同，系水土之风气，故谓之风。好恶取舍，动静无恒，随厥情欲，故谓之俗。"吉林省各少数民族，在漫长的历史长河中，在改造自然的活动过程中，形成了独具特色的民族历史、经济、文化形态，成为吉林地域特色文化的重要组成部分。

为了弘扬和保护吉林各民族传统文化，增强文化认同，建设各民族共有精神家园，吉林省民族事务委员会组织编写了《吉林少数民族丛书》，通过介绍今天吉林省境内5个人口较多少数民族的历史、政治、经济和文化发展，向世人展示这5个民族在吉林的概貌及其发展轨迹，阐述5个少数民族文化在整个中华民族文化中的地位、作用及其重要贡献，从而增进各民族相互了解，提高民族自尊心、自信心和自豪感，弘扬优秀的少数民族文化，为建设中国特色社会主义服务。

这套《吉林少数民族丛书》是一部面向广大干部群众的民族知识宣传普及读物。在编写过程中，编者牢牢地把握了促进民族关系和谐与增进民族团结、弘扬民族精神与传播地域特色文化、打好民族牌与推动地方经济社会发展、传承民族文化与保留民族记忆四项原则，务求用生动形象的笔墨，真实地记述吉林各民族的历史源流、人口变迁、社会生活、文学艺术、民族区域自治和历史人物等。值得称道的是，参加这套丛书撰写的，有不少是本民族的专家学者。他们通过对本民族历史文化的研究，不仅以自己对民族文化的熟悉和深刻理解弥补了文献资料和目前研究中的不足，周详细致地完成了本民族历史文化的描述，而且更体现了少数民族历史文化知识的推介对增强民族之间的了解、交流，丰富和推动吉林省民族研究所具有的作用和贡献。

习近平总书记在中央民族工作会议上指出："民族团结是各族人民的生命线……各民族要相互了解、相互尊重、相互包容、相互欣赏、相互学习、相互帮助，像石榴籽那样紧紧抱在一起。"《吉林少数民族丛书》为读者加深对少数民族的了解，增进民族团结提供了很好的读物。相信在党的民族政策的光辉照耀下，吉林各民族手足相亲、守望相助、携手共进，一定会谱写出民族团结进步更加壮美的新篇章！

《吉林少数民族丛书》编委会

前 言

满族是吉林地区的世居民族，也是吉林省人口较多的少数民族。根据2010年第六次全国人口普查，目前中国有满族人口1038.7万，这其中大约有86.6万分布在吉林境内，约占吉林省少数民族人口的40%左右。这些满族人口延续清代以来吉林境内八旗驻防及打牲人口的分布格局，主要分布于今吉林市和四平市，其次分布于通化市和长春市，再次是扶余、珲春等地区，即清代伯都讷副都统和珲春副都统辖区，也有一定数量的满族人口分布。

早在4000年前，满族的先民肃慎人就在吉林地区留下了活动的足迹。历经挹娄、勿吉、靺鞨的分合变迁，明清以来，伴随着女真崛起，后金建立，满洲民族共同体逐渐形成。清代的“满族”（清代称满洲，简称满人，清末称满族，民国初始流行满族一称）凭借八旗制度，“国语骑射”，以锐不可当的气魄和步伐，开疆拓土，建立了存续近300年的泱泱大清帝国。在这一过程当中，吉林满族作为重要力量参与其中，在书写中华民族光辉历史的过程中也创造了自己的历史。

在长期的历史发展进程中，吉林满族创造并传承着自己的民族文化，谱写着自己的民族历史，为吉林地区的建设与开发，为清代国家发展做出了不可磨灭的贡献。从清初的打牲采捕，到官民屯垦；从17世纪以来抵抗沙俄入侵，到清代持续不断的平定西北、西南边疆等地区叛乱；从抗日战争到民主革命，吉林八旗子弟、满族儿女，前仆后继，慷慨从戎，为清代、近代，乃至现代国家建设做出了重大牺牲和应有的贡献，涌现出了如萨布素、依克唐阿、杨凤翔、成多禄、陈翰章、关山复等众多的民族精英，翰墨才俊。今天，近87万的吉林满族仍是吉林地方建设的重要力量，在各自的岗位上为吉林、为中国社会经济发展，发挥着不可替代的作用。因此，吉林满族的历史是中国满族历史的重要组成部分。

从吉林地方民族文化的继承与发展上看，吉林作为满族的重要发祥地，满族历史文化资源丰富、分布广泛。吉林境内不但有广泛分布于今长春、吉林以及珲春等地区的活跃的满族萨满文化，还有浓郁的满族民风、民俗，特色饮食，服饰文化等。如珲春满族海洋渔猎习俗、满族民歌小调、乌拉街打东珠习俗、通化长白山满族剪纸以及广泛分布于省内满族聚居地区的满族传统饮食文化等等。这些满族文化资源广泛分布于吉林境内，且与相邻的辽宁和黑龙江等满族聚居区比，存在状态极为活跃。进一步说，当前东北三省满族文化现状，相对来看，辽宁省是物质文化形态的满族文化遗产最丰富，黑龙江省是非物质文化形态的满族文化遗产原生形态最典型，而吉林省则是非物质文化形态的满族文化活动最活跃。吉林省的石氏、赵氏、杨氏、关氏等家族的满族萨满文化，是当今世界范围内寥寥仅存的“满族萨满文化活化石”。为此，吉林的满族萨满祭祀也享誉世界，为世人所广泛关注。在吉林省已经公布的293项省级非物质文化遗产中，满族文化占35项，其中还有4项被列入国家级非物质文化遗产名录。因此，可以说在吉林省的地方民族文化资源中，满族文化资源是极为丰富的，是最能代表吉林地方文化特色的民族文化之一。

从东北地域民族文化角度讲，满族文化也是东北文化中最富地域特色的内容之一。从古朴神秘的满族萨满乐舞、完整系统的满族语言文字、生动传奇的满族说部，到典雅别致的旗人服饰等等，满族文化无不展示着东北地域文化的独有魅力。时至今日，在满族文化日益濒危的形势下，这些在一定程度上仍保持着有效性和生命力的文化基因，其文化符号的存在意义更显珍贵。

从中国文化的整体看，满族文化一直与其他民族文化和地域文化发生着密切的互动与交流。有清一代，满族文化极大地丰富了中华文化的内容，从不同的层次、不同方面深刻地影响着中华文化的发展。其中物质层面如旗袍、满汉全席；精神层面，如满族传统的说唱艺术、京剧、文学创作，都形成了满、汉等多民族共享、互相吸收、彼此欣赏的文化构成。在新时代，满族文化作为中华文化的重要内容，其价值更不可小觑。尤其在今天，党和国家大力提倡继承与弘扬优秀民族文化，推动社会主义文化大发展、大繁荣。为此，无论是在统一多民族国家认同、文化认同的建构上，还是在优秀民族文化的传承上，乃至于服务地方社会经济文化的建设上，传承和发展满族文化都是不可忽视的历史使命。

由此，总结吉林满族历史，梳理吉林满族文化，走进“吉林满族”，也就成了当前吉林地方民族文化研究工作的题中之意。

本书力图从纵的层面勾勒吉林满族发展的历史，从横的层面展示吉林满族政治、经济和文化面貌；从历史的角度总结吉林满族的贡献，从现实的角度反映吉林满族的生活状况。在本书编撰过程中，因为吉林满族发展历史长，分布区域广，前后变化大，因此，我们确定了以下原则：在地理范围上，不同历史时期以当时的辖区范围为准，即清代基本以咸丰十年（1860）划定吉林将军辖区为准；民国时期以光绪三十三年（1907）五月吉林实行省制时延续至民国的行政区域为准；新中国成立后的地理范围以1954年东北行政区划调整后，延续至今的吉林省行政区域为准。在人物的收录上，以历史人物为主，主要收录吉林籍及在吉林工作生活过的有重要贡献的满族历史人物。本书是从整体上全面地反映吉林满族状况的第一次尝试，全书的编撰尽量简省注释与引用，并配有大量图片，力求做到去学术化，图文并茂，贴近现实，通俗易懂，具有可读性。希望本书能真正走进吉林，走进满族！

目录

第一章

源远流长的族源历史

一、吉林满族先世的足迹

1. 先世历史与传说

无论是历史文献的记载还是神话传说，吉林都是满族的故乡。

（1）长白山与三仙女的传说

在今吉林省东南部，有一座风光秀美、景色宜人的山峰。它海拔2 750米，山顶常年积雪，奇峰林立，云雾缭绕。在奇峰巨石环绕中，一泓池水碧绿清澈，神圣而静谧。它是松花江、图们江、鸭绿江三江之源。它大气磅礴，变幻莫测，有“东北第一山”之美誉。在清代近300年的历史时间里，清朝统治者从未间断对它的“朝圣之旅”。从清初到清末，清代的皇帝或者亲自东巡，或者委派大臣，一直保持着对它的虔敬拜祭。它就是“长白山”，《山海经》称“不咸山”，北魏称“徒太山”，唐称“太白山”，金代以来始称“长白山”。它是中国满族的“圣山”。

驻跸吉林境望叩长白山

弘　历

吉林真吉林，长白郁嵚岑。
作镇曾闻古，钟祥亦匪今。
邠岐经处远，云雾望中深。
天作心常忆，明禋志倍钦。

长白山

当17世纪初叶以努尔哈赤为首的建州部女真统一女真各部，继之“满洲”民族以扫荡之势挺进中原，建立起了清王朝，东北这片以长白山脉为中心的广阔区域，就成为这个王朝统治者心目中的“龙兴之地”，而长白山也在“满洲”人对民族历史的不断建构中，成了满族起源的圣地。

三仙女传说图

关于满族先世起源的传说——“三仙女沐浴布勒瑚里泊”就发生在这里。传说在长白山东北，有一座山名布库里山（亦写作“布勒瑚里山”），山下有一个湖泊，名布儿湖里泊（亦写作“布勒瑚里泊”）。满族传说中的女性始祖“三仙女”，就是因为在此沐浴，吞食神鸟（喜鹊）所衔红果而感神受孕，孕育了布库里雍顺，继而才产生了“满洲”。《满洲实录》《清太祖实录》《满洲源流考》等满族早期文献对此均有较为详细的记载。

尽管我们不能根据传说认定满族的起源地仅仅局限于长白山，但是，在满洲国家建立与民族形成过程中，当作为满族起源故事的“三仙女”传说被一代代复述，对故乡“长白山”的认同就成了这个民族的整体认识。于是，在满族人的心目中，“长白山”就已经成为民族的象征，而“满族”就是从吉林、从“从长白山走出来”的传奇民族。

（2）明以前吉林满族先世的足迹：肃慎——挹娄——勿吉——靺鞨——女真

肃慎

拨开被神化的传说，吉林满族先世的历史最早可追溯到4000多年以前的肃慎。早在4000多年以前，满族先世肃慎人就已经生活在长白山地区。

肃慎黑曜石簇

肃慎人主要使用以夹砂黑灰陶为主

肃慎黑曜铜像

的手制陶器和磨制石器、骨器，已产生了原始农业和以养猪为代表的家畜饲养，善于狩猎，以磨制的石镞即“石砮”闻名于中原。因此才有西周文王时，“肃慎氏贡楛矢石砮”传闻。

挹娄

是肃慎人在新的历史发展阶段的延续。据文献记载，肃慎人西汉时改称挹娄，直至晋末，使用此称约600余年。其居住地大体分布在南界长白山、沃沮、高句丽，北抵松花江、黑龙江，东达日本海，西接夫余的地域。挹娄人主要从事原始的农业、畜牧业和渔猎生产，但较肃慎人时代有一定进步，已产生了原始手工业。

挹娄人铜像

挹娄人塑像

勿吉

与挹娄、肃慎一脉相传，是肃慎中的一部，北魏时兴起并因影响渐大而取代了前称。魏晋南北朝时，勿吉人分布在长白山以北，牡丹江、松花江、黑龙江和乌苏里江以及俄罗斯滨海省等广大地区，有部落数十部之多，后来形成七大部。

靺鞨

北齐时，勿吉人改称靺鞨。据考证，“靺鞨”为“勿吉”的音转，即勿吉和靺鞨实际是同一称谓在不同时代的汉译讹称，但勿吉的出现要早于靺鞨。

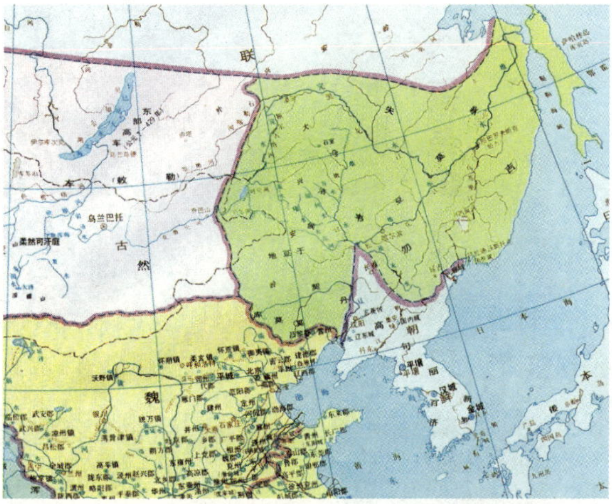
北魏时期勿吉分布图

靺鞨是由多部落组成的民族共同体，初有数十部，在北齐、隋、唐之际形成了七大部：粟末、伯咄、安车骨、拂涅、号室、黑水、白山，主要分布在“北接鄂霍次克海，东临日本海，西为室韦，南至高丽”的广大区域。

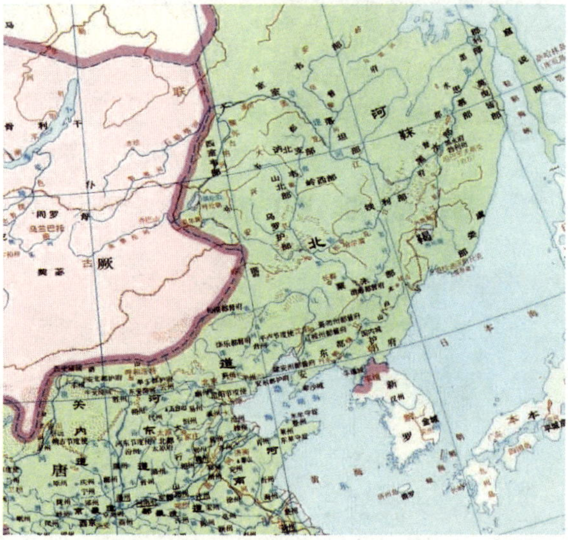
唐代靺鞨分布图

粟末部是隋唐时期靺鞨族最强大的一个部落集团，“粟末靺鞨”即“松花江沿岸的山林部落”之意。唐玄宗先天二年（713），封大祚荣为左骁卫员外大将军、渤海郡王，加授忽汗州都督（后改称渤海都督府），从此，震国易称渤海国，其部众亦称“渤海人”。渤海疆域，最盛之时，其疆界南至泥河（今朝鲜咸镜南道龙兴江）与新罗相接，东到日本海，东北至乌苏里江下游与黑水靺鞨为邻，北隔那河（今松花江）与室韦为界，西抵扶余川（今吉林伊通河）流域与契丹接壤，西南同唐朝界于辽河流域（今辽宁省开原至丹东的斜线），领地包括今东北大部、朝鲜半岛北部及俄罗斯沿日本海的部分地区。

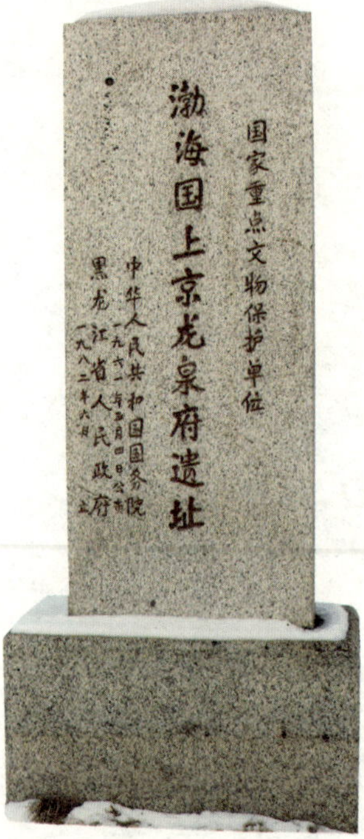

渤海遗址

除黑水部的主体部分外，其余靺鞨诸部基本都纳入了渤海版图，渤海成了盛唐时极为繁荣的东北民族政权。渤海文化作为盛唐文明的一个分支，在中国民族史上占有重要地位。

女真

《三朝北盟会编》中说：“女真，古肃慎国也，本名朱理真，讹为女真；或以为黑水靺鞨之后，而渤海之别族。”五代时始称女真，后避契丹主（耶律）宗真讳，更为女直，俗讹为女质。女真作为族名，从五代起一直沿用到皇太极改族名为满洲为止，在中国历史上使用了近700年，历经辽、金、元、明四代的发展。

辽金之际，原居于黑龙江流域的黑水靺鞨完颜部的一支逐渐强大，其势力范围由长白山东北部发展到长白山东南部，从函普至乌雅束，历八

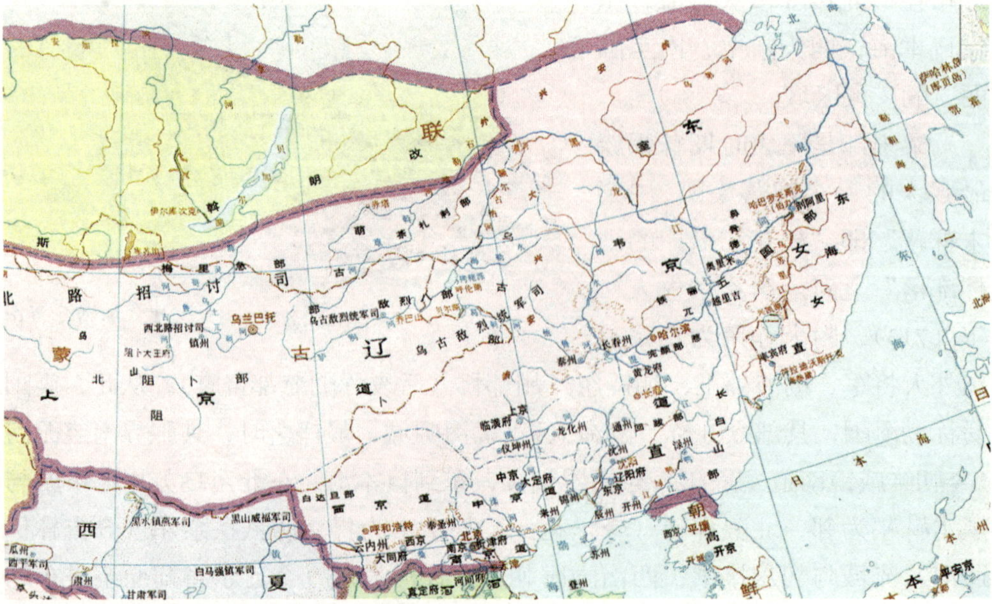

辽代女真分布图

世十祖的苦心经营，终于在12世纪初统一了生女真各部。完颜阿骨打嗣立后，辽天庆四年（1114）九月，在涞流河（今拉林河口石碑崴子）祭天誓师反辽，并于次年称帝，国号大金。这是满族先世第二次建立地方政权。辽天庆七年（1117），金太祖完成了统一生、熟女真以及其他不系辽籍女真人的历史重任。金朝，留居东北的女真人主要居住在上京路和东京路之地。其中，居住在吉林境内的女真人主要属于上京路，辖境北到外兴安岭，西至嫩江流域，南抵信州（今吉林省公主岭一带）与咸平路毗邻，东接日本海，东北至鄂霍次克海和库页岛。金代女真诸部社会发展极不平衡，其中，分布在韩州、咸平以东（今吉林哈达岭）的女真人，其经济、文化发展程度已非常接近汉族。而散居在黑龙江中下游的女真人，“逐水草为居，以射猎为业”。

女真人

大金得胜陀颂碑

元灭金后，在东北地区设置辽阳等处行中书省为最高统治机构，下设辽阳路、广宁路等府路，统治女真人在内的东北各族人民。

2. 明代吉林满族的发展与“满洲”的形成：女真—满洲

（1）明代吉林女真诸部

明初，女真各部大体上还沿袭在元代的地域，变化不大。吉林女真主要生活在东部由图们江口起至北海、南达今日本海、东北部至库页岛的广大地区。明朝对生活在上述地区的女真诸部，采取“分而治之”的羁縻政策，通过卫所制度进行管理。随着下辖女真人口的增多，为了便于管理，明朝根据女真人的分布地域和其社会发展程度，将女真人分为三部分，即建州女真、海西女真和野人女真。这三部分中，在吉林境内活动过的主要有建州女真和

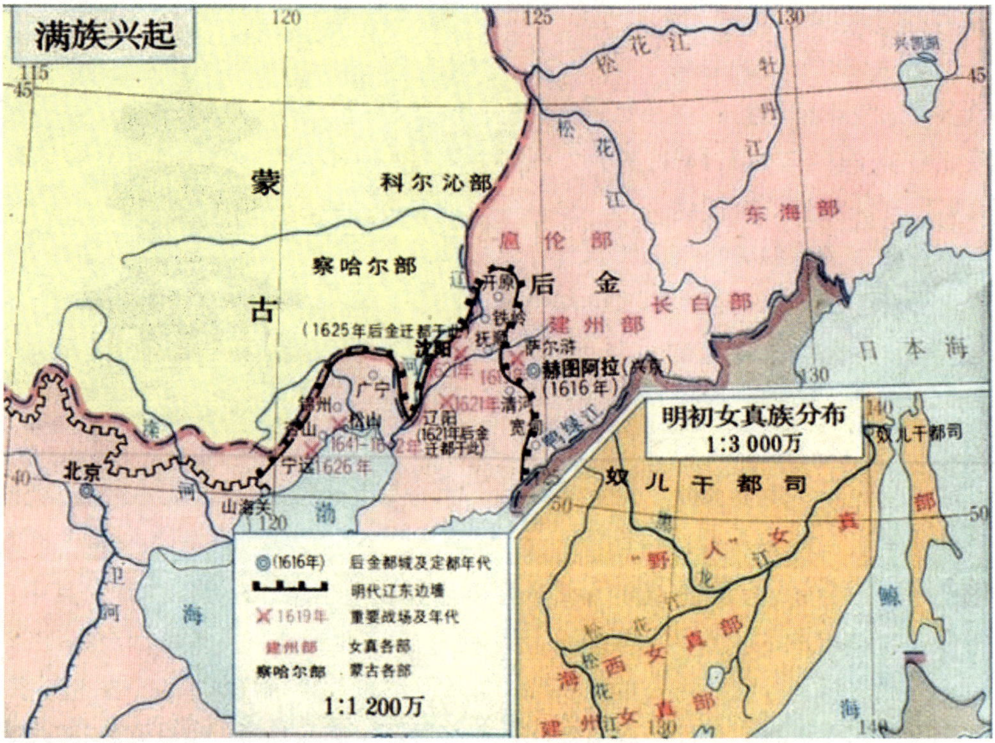

明初女真人分布图

海西女真中的乌拉、辉发、叶赫三部。他们之间分分合合的历史，就是吉林满族的早期历史。

建州女真

明永乐元年（1403）阿哈出朝明，明朝以其所部置建州卫，建州女真之名自此始。建州卫设立后，永乐十年（1412），明朝将猛哥帖木儿所部从建州卫中析出，另置建州左卫，建州左卫在浑河上游定居后，童仓与凡察发生卫印之争。正统七年（1442），明朝

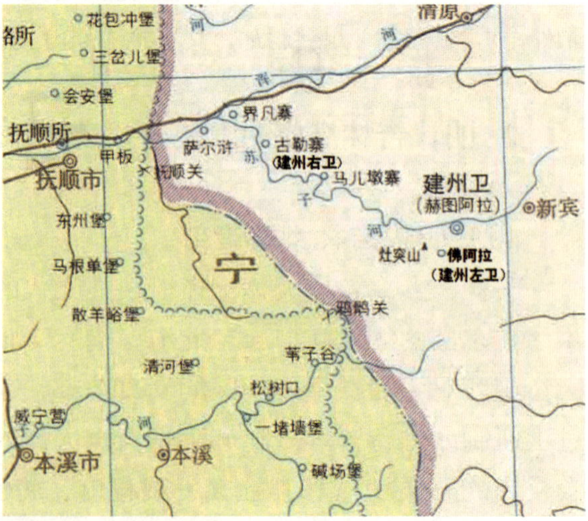

建州卫

析建州左卫为左、右二卫，以童仓为猛哥帖木儿正嫡，掌左卫，凡察掌右卫。自此，便有了历史上著名的“建州三卫”。在李满柱的率领下，建州三卫以烟筒山为中心，不断发展壮大，逐步统一了苏克素护河部、浑河部、完颜部、栋鄂部、哲陈部等满洲五部，为此后满洲共同体的形成奠定了基础。

海西女真

主要是指分布在松花江中下游，即在辽东都司辖区以北、辉发河以西、兀良哈三卫以东、穆棱河以西广大地区的女真人。他们基本上是由14世纪中期从黑龙江中下游南下的吾者人和留居在故元开元路治所周围及水达达路南部、西南部的女真人组成的，在建州女真南迁的同时，他们也先后南迁，到16世纪初形成了哈达、乌拉、叶赫、辉发四部。四部中的乌拉、辉发、叶赫三部，就是今日吉林满族直系先人的核心部分。

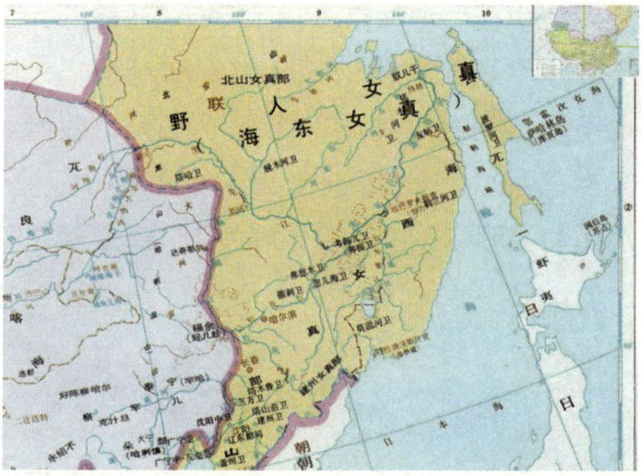

海西女真分布图

乌拉部，亦作兀喇、兀拉，因居乌拉河畔（今吉林省吉林市境内松花江上游支流）而得名。该部原居松花江下游扈伦（又作胡笼、呼伦，即今呼兰河）一带，为明初在呼兰河流域所设塔山卫及塔山前卫的女真人后裔，与哈

乌拉古城

位于吉林市龙潭区乌拉街旧街村，俗称“大城子”，由内、中、外三道城墙组成，夯土构筑，中心有高台，城外有护城河。明万历四十年（1612）九月间，努尔哈赤亲领大兵征乌拉，转年正月攻克。

乌拉古城

达部同祖。乌拉部从元末（约14世纪中期）纳齐卜禄至明末（17世纪中期）满泰，共传9代。至明中后期，满泰为汗时，在乌拉河东岸建乌拉都城（松花江上游今乌拉街古城），乌拉部开始强大，其疆界东南抵今朝鲜北境，东北至今俄罗斯远东滨海与兴凯湖以南和今黑龙江省牡丹江地区，北界至今黑龙江省松花江地区，南、西、西南三面与辉发部、叶赫部相毗邻。

辉发部，因居辉发河畔而得名，为扈伦四部中实力最弱者。辉发部本姓益克得里氏，其先为黑龙江岸尼玛察部人。有名为昂古里星古力者，自黑龙江载木主迁居渣鲁，此时扈伦部噶扬噶、图墨土二人居张城，姓纳喇氏，昂古里星古力因附其族，宰七牛祭天，改姓纳喇，是为辉发始祖。传七世旺吉努为首领时，"收邻近诸部，度（渡）辉发河滨扈尔奇山（今辉南县朝阳镇辉发山），筑城以居，因号辉发"。辉发部东接朱舍里，东南邻讷殷部，南接南迁后的建州女真诸部，西南接哲陈部，西接哈达部，西北接叶赫部，北邻乌拉部。

辉发城

位于辉南县城（朝阳镇）东北17公里的辉发山（原名"乎尔齐山"）上。古城南、北、西三面临辉发河，以山脉为天然屏障，无险可守地段则以土石夯筑城墙。分内、中、外三城，周长分别为596.5米、892.3米、1 884米，每道城均设二门。今中城墙高3米、基宽12米、顶宽2~3米。内城有一平台，周长336米，高出地面4.8米，上有砖瓦、陶瓷片等遗物，似为建筑遗址。

辉发城出土文物

叶赫部，又作也赫、也合、野黑、野赫，也称"叶赫国"，是女真最古老的部落之一，因分布于叶赫河（今上游称冠河，下游称清河）两岸而得名，有同姓叶赫和异姓叶赫之分。叶赫部号称叶赫那拉部，分布在南起长白山、东到滨海的广阔地域，是为同姓叶赫。而慈禧太后一支源出永乐四年（1406）二月明朝所置的塔鲁木卫，包括蒙古土默特氏和女真纳喇氏各一支，是为异姓叶赫。叶赫部是在明代女真人逐渐南迁的过程中形成的。据《清太祖实录》和《满洲实录》载，叶赫部始祖星根达尔汉（又名打叶）是蒙古土默特氏人，原居忽喇温以北地区，后率部众南迁至女真纳喇所居璋（张）地（今松花江大曲折处）后，因纳喇氏人多势众，遂改姓纳喇。到16世纪初，四传至楚孔格为塔鲁木卫都督佥事时，南迁至叶赫河流域，其部始有叶赫之名。

叶赫古城

遗址包括东城、西城和商监府城3座城址。东城位于叶赫河南岸，西城位于叶赫河北岸一陡峭山头之上。1619年努尔哈赤亲征叶赫，东、西两座城池毁于战火。两座古城从建到毁，仅存46年。

长白山三部

明代长白山地区相继形成了鸭绿江、朱舍里、讷殷三部女真人，史称“长白三部”。其势力范围东接图们江南岸之朝鲜，西临海西女真人的辉发部（今吉林省辉南县）和建州女真完颜部（今吉林省通化市），南至明宽甸堡（今辽宁省宽甸县），北与扈伦四部中的乌拉部接壤。三部虽然都是独立存在的女真部落集团，但其势力明显弱于建州及扈伦四部。

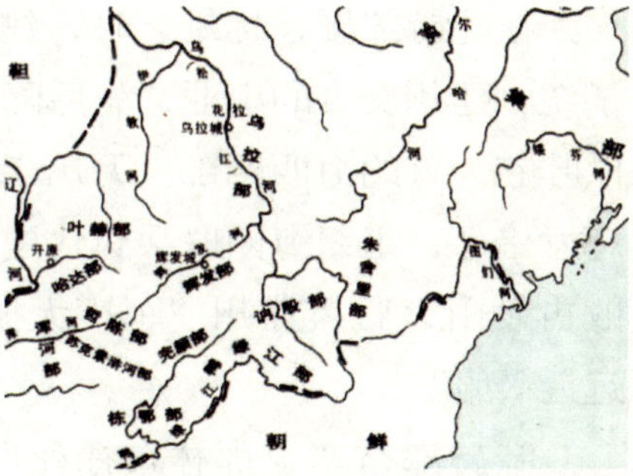

长白山三部分布图

东海女真

因其散居于日本海以东而得名，因其“不事耕稼，唯以捕猎为主”，在同时代女真诸部中农耕文明较为后进，因此又被称为“野人女真”。东海女真主要分布在今长白山东麓、图们江、乌苏里江沿岸和黑龙江、松花江下游等

《皇清职贡图》局部

地，主要有瓦尔喀、窝集、虎尔哈三部，每部内有路和城寨若干，这些路及城寨主要分布在今吉林和黑龙江两省境内。其中，分布在吉林境内的主要有瓦尔喀部的斐优城（今珲春市三家子乡高力城村）、安楚拉库路和内河路（均在今珲春、图们江沿岸），虎尔哈部所属的扎库塔城（今珲春城西境）；而窝集部所属的如赫席、佛纳赫二路主要在今吉林省敦化市境内；窝集部所属宁古塔、绥芬等路，主要在今黑龙江省宁安市境内。

（2）明代女真诸部战合

最初明朝政府通过支持哈达部挟制女真各部。万历十年（1582）哈达贝勒王台死去，此后哈达内讧不断，明政府转而扶持叶赫。从此，叶赫取哈达而代之，成为海西四部盟主。

在叶赫部崛起称雄之时，建州女真努尔哈赤于万历十一年（1583）开始了统一建州女真的事业，先后降服了建州五部，长白山鸭绿江部，矛头直逼以叶赫为首的海西四部。万历二十一年（1593），叶赫部先后两次召集乌拉、辉发诸部，组织海西联兵讨伐建州，均因事机泄密而大败。尤其九部联军大败古勒山之后，建州“军声大振，远近慑服”。

古勒山之战

叶赫部布寨、那林布禄死后，布扬古、金台石分别继为叶赫贝勒，分居西、东二城。为了缓和与建州的矛盾，布扬古将妹妹许给努尔哈赤为妃，金台石也将女儿许给努尔哈赤次子代善为妻，双方歃盟。万历三十一年（1603）秋，努尔哈赤之妻孟古格格突然病重不起，在弥留之际，欲见生母一面，被叶赫贝勒所阻。九月，叶赫那拉氏病故，努尔哈赤以报叶赫贝勒不允那拉氏见生母之仇为由，于万历三十二年（1604）初率兵攻叶赫，克2城，夺7寨，俘2 000人。

万历三十五年（1607）到四十一年（1613），努尔哈赤先后灭辉发、哈达，万历四十六年（1618）以“七大恨告天”，宣布攻明，并于万历四十七年（1619）三月在“萨尔浒”之战中以少胜多，大败明军，乘胜占领了开原、铁岭等地。至此，叶赫处于孤立无援之境。八月，努尔哈赤率兵第四次征讨叶赫，包围了东、西两城，22日东城被破，贝勒金台石欲引火自焚未遂，被努尔哈赤命人缢死。西城贝勒布杨古及其弟布尔杭古闻听东城被占，乞降，次日，被努尔哈赤绞杀。叶赫覆灭。此间努尔哈赤亦同时向东海女真、长白山女真用兵，从东海女真掠夺人口五万有余，这些人后来大都成了建州的新鲜血液。至此女真各部实现了大统一。

（3）“满洲”的形成

明万历四十七年（1619）八月，建州灭叶赫，实现了女真各部的大统一。此间努尔哈赤于万历四十四年（1616）在赫图阿拉城（今辽宁新宾满族自治县老城）称汗，建国号大金，史称后金，年号天命。天命十一年（1626）努尔哈赤卒，其子皇太极即位，改元天聪。天聪九年（1635）十月庚寅日（1635年11月22日），皇太极下诏曰：“我国原有满洲、哈达、乌拉、叶赫、辉发等名，向者无知之人，往往称为诸申……我国建号满洲，统绪绵远，相传奕世。自今以后，一切人等，止称我国满洲原名，不得仍前妄称。”从此，“满洲”作为一个新的民族共同体名称，正式出现于中国历史舞台。“满洲”作为民族之称，是皇太极改“女真”为“满洲”的产物，系指以建州女真为核心，以海西女真和东海女真为主体，并部分地吸收了其他民族成员的民族共同体的自称。

皇太极像

二、清代的吉林满族

吉林是满族的肇兴地之一，历来被清朝视为对全国统治的大后方；又因毗邻朝俄，外事频繁，因此备受清朝统治者重视。自清初以来，吉林地区一直是清代八旗驻防要地，康熙帝与乾隆帝也均曾亲自巡幸吉林，并多次谕令吉林将军保持“国语骑射”，以巩固满洲之根本。为此，清代的吉林也长期处于封禁之下。

1. 清代“满洲”统治建立后的“吉林”

（1）吉林将军的设置

宁古塔将军——吉林将军

宁古塔将军 吉林地区最早驻防应上溯到顺治九年（1652），命“梅勒章京沙尔虎达”统领官兵驻守宁古塔。顺治十年（1653），升沙尔虎达为昂邦章京（又称按班章京）。驻防城最初建于今黑龙江海林市长汀镇旧古塔村。

康熙元年（1662），“宁古塔昂邦章京”改称“宁古塔将军”。《清圣祖实录》《大清会典事例》《钦定八旗通志》等史籍中均有记载。又因宁古塔旧城水患严重，因此，在康熙五年（1666），于今宁安县城（今隶属黑龙江省牡丹江市）营建宁古塔新城。

吉林将军 乾隆二十二年（1757），宁古塔将军改称“镇守吉林乌拉等处将军”，简称“吉林将军”。吉林将军是清代吉林地区的军政首脑，其职位与名称也经历了几次变革。

康熙十五年（1676），宁古塔将军巴海移驻吉林乌拉。今“吉林”一称，即“吉林乌拉”的简称。“吉林乌拉”，是满语音译地名，“吉林”意为“边”，“乌拉”意为“江”，因其位于松花江边而得名。《吉林外纪》载：“顺治十五年，因防俄罗斯，造战船于此，名曰船厂。”清人杨宾《柳边纪略》记顺治十八年（1661）曾在吉林乌拉设船厂，昂邦章京沙尔虎达曾在此造船以防御俄罗斯的侵扰。因此，“吉林乌拉”又称“船厂”，“吉林将军”又称为“船厂将军”。乾隆十五年（1750），《清高宗实录》中记兵部议准给事中丽柱奏称：“宁古塔将军移驻船厂，其宁古塔止有副都统一员驻扎，今船厂将军印信及将军衙门四司关防、八旗协领关防、理事同知关防并巡查关防均仍用宁古塔字样，请改铸船厂字样。从之。”乾隆十五年（1750），宁古塔将军印信正式改为船厂。至此，尚未有“吉林将军”之称。至乾隆二十二年（1757），又奏请将吉林将军印信内，汉书“船厂”二字改为“吉林”，并书清字，交礼部铸给。

吉林船厂遗址

自印信内“船厂”改为“吉林”，始称“吉林将军”。因此前没有统一规定，“吉林将军”名称记载混乱，出现过“宁古塔将军”、“船厂将军”、“乌喇将军”并称情况。乾隆二十二年始称“吉林将军”，一直沿用至清末。光绪三十三年（1907），清廷诏令改“吉林为行省”，设东三省总督兼理三将军事务，吉林设巡抚员缺。至此，形成了与中原一致的行政体制。

（2）八旗驻防

清代吉林将军治下，直辖宁古塔、吉林乌拉、伯都讷、阿勒楚喀、三姓、珲春六城副都统，通称“吉林六城”副都统。除直辖六城副都统外，还统辖吉林等五城协领、伊通等二佐领、赫尔苏等4边门以及38个驿站、27个边台、105处卡伦，并且管理水师营、鸟枪营和官庄等。

宁古塔副都统

随着沙俄势力的不断扩张，原本相距甚远的两个国家开始接壤，顺治九年（1652）七月，为了抵御沙俄对黑龙江、乌苏里江及松花江流域的侵扰，命梅勒章京沙尔虎达，甲喇章京海塔、尼噶礼统帅八旗官兵430人驻防宁古塔。顺治十年（1653），沙尔虎达升为宁古塔昂邦章京（宁古塔将军），下设梅林章京（副都统）2人，仍率兵驻防宁古塔城。康熙十五年（1676），宁古塔将军移驻吉林后，宁古塔副都统衙门的作用得到充分发挥。康熙十七年（1678），原宁古塔协领萨布素升任宁古塔副都统职，宁古塔副都统衙门的作用得到了充分体现，对辖区内旗民进行了卓有成效的治理。清末，因新政兴起，在光绪三十四年（1908），宁古塔副都统衙门被裁撤。

宁古塔城

宁古塔有新、旧两城。旧城位于松花江左岸支流海浪河南岸，今为黑龙江省海林市长汀镇古塔村，为“桅木隔石筑造”，因此又名木城或石城，城高3.3米余，周围500米，东西各一门，城外边墙2.5公里余，四面四门。内有昂邦章京和梅林章京的衙署。

宁古塔旧城遗址

吉林副都统

康熙十年（1671），因吉林地近盛京，易控朝鲜，处驿路要冲，为就近监督流人造船，遂移宁古塔副都统1员（康熙十年，清政府令宁古塔副都统安珠瑚移驻吉林乌拉），佐领、骁骑校各11员，兵丁700名驻吉林乌拉，并于吉林增设协领8员，佐领、防御、骁骑校各12员，兵丁600名，为吉林副都统衙门建置之始。康熙十五年（1676），将宁古塔将军巴海移驻吉林乌拉，增设副都统1员，与吉林将军

吉林水师营博物馆

同城驻防；康熙十六年（1677），于吉林增设佐领、骁骑校各26员，兵1 211名；康熙三十一年（1692），将吉林副都统移驻伯都讷，吉林副都统暂时裁撤。雍正三年（1725），复于吉林设吉林副都统；宣统元年（1909）吉林副都统被裁撤。

伯都讷副都统

鉴于伯都讷（今吉林省松原市扶余）地处水陆通衢，经济和军事地位重要，清政府于康熙三十一年（1692）始建木城，安置锡伯、瓜尔察1 000名披甲。同年，移吉林副都统驻此设治，始称伯都讷副都统；康熙四十年（1701），增设伯都讷蒙古佐领、骁骑校各2人，蒙古兵100名；康熙五十二年（1713），添设佐领、骁骑校各3人，以吉林兵丁400名，补充伯都讷兵额。后又几经裁并，到嘉庆十六年（1811），改设伯都讷厅，置理事同知1员，又于

伯都讷古城遗址

伯都讷古城遗址

伯都讷城及孤榆树（今吉林省榆树县）各设巡检1名。伯都讷厅设于伯都讷城内，一城二署，旗民分治。厅隶属副都统辖制。至宣统元年（1909），伯都讷副都统衙门被裁撤。

伯都讷古城遗址

位于松原市宁江区伯都乡东南约200米。东、西、南三面是平原。城址略成方形，城墙周长3 132米。城内偏西南部存有7处土包，表面散落着大量的方砖、布纹瓦片、莲瓣纹瓦当、陶片，还有一些佛像及佛饰残块，小铜佛，汉、唐、宋的铜钱等，根据城址的形制和遗物看，属于辽金时期。

伯都讷古城遗址

三姓副都统

康熙五十三年（1714），清政府在三姓（黑龙江省哈尔滨市依兰县）设治，设协领1员，佐领、骁骑校各4员。雍正五年（1727），设三姓协领1员，兵800名，又由八姓壮丁内，选拔兵丁1 000名并入三姓地方八旗驻防。雍正九年（1731），添设副都统，增设佐领6员，披甲800名。雍正十年（1732），正式设立三姓副都统衙门，任命觉罗氏七十五为三姓副都统，下设左、右翼协领各1员，左、右翼协领下设佐领各8员，防御4员，骁骑校各8员，防御各6员，领催共95员，披甲1 000名，编为10佐领。三姓副都统通过

《中国历史地图集》中的三姓副都统辖区图

姓、乡两级基层组织，管理黑龙江下游及部分乌苏里江地区的诸部族。宣统元年（1909），三姓副都统被裁撤。

拉林及阿勒楚喀副都统

拉林副都统衙门旧址

清代，拉林副都统与阿勒楚喀副都统的建制和统属关系复杂。雍正三年（1725），清廷始于拉林（今黑龙江省五常市拉林镇）设协领1员，副协领1员。雍正四年（1726），清廷始于阿勒楚喀（今黑龙江省哈尔滨市阿城区）置驻防八旗，设协领1员管辖，下设佐领、骁骑校、防御等职。雍正十年（1732），增设阿勒楚喀佐领、骁骑校各3员，满洲兵120名。以后因保护周围山林的任务加重，阿勒楚喀成为吉林将军治下的重要驻防城之一。

珲春副都统

珲春协领衙门遗址

珲春副都统是吉林将军治下设置最晚的一个，并长期受宁古塔副都统节制。清代珲春最初的建制是康熙五十三年（1714）将库雅喇人编正黄、镶黄、正白三旗，设置协领1人，佐领、骁骑校各3人，防御2人，驻防珲春河地方，隶属于宁古塔副都统衙门。协领衙门只管八旗一般事务，司法、涉外等重要事需报宁古塔副都统衙门办理。

打牲乌拉总管衙门

打牲乌拉为满族聚居的特殊管理地区，最初直属北京内务府，是进奉皇家贡品的基地，委以噶珊达（乡长）负责经营，统管地区事务。顺治十四年

打牲乌拉建筑遗址

(1657)，改设六品总管，并设打牲乌拉总管衙门。吉林将军移治吉林乌拉城后，兼理打牲乌拉的事务。雍正五年（1727），又改为每年派乾清门侍卫和内

乌拉街建筑群

位于吉林市龙潭区乌拉街镇所在地，包括“后府”建筑址、“萨府”建筑址、“魁府”建筑址及清真寺建筑址。“魁府”是全市极少数清代民居保存完整者之一，系清末将军王魁福的私邸；“萨府”是典型的清初时期“二进四合院”格局，系时任打牲乌拉总管衙门第13任总管索柱的私邸；“后府”系清代打牲乌拉总管衙门第31任总管云生的私邸。其建筑规模之大，款样之新，均居乌拉街清代建筑之首。清真寺是回民的礼拜堂，建于康熙三十一年（1692），是乌拉街寺庙建筑唯一尚存者。

乌拉街建筑群

务府官各一人前来与总管同办打牲乌拉日常事务。雍正年间，由于打牲乌拉人口日繁，清政府又从中挑选壮丁千名编成十佐领调出戍边，后于乾隆初年撤回戍兵，复又驻防于本地，并另设协领统领，归吉林将军管辖。

贡江碑

由此打牲乌拉出现总管与协领两个衙门，二衙门各司其事。其后职能虽略有变动，但由乾隆至道光年间，打牲乌拉一直保持双重领导体制，吉林将军分管贡品，如东珠、鳇鱼等，并负责挑选官缺之事，而其他日常事务则由总管衙门处理，对北京内务府负责。

鳇鱼圈遗址

鳇鱼圈遗址

乌拉街古建筑

乌拉街建筑群

(3) 边台站卡伦

柳条边、台

清代统治者圈定满洲龙兴之地的区域界线。清代视东北为禁区，在封禁地区沿边修浚边壕，沿壕植柳，故称柳条边。有“老边”、“新边”之分。“老边”始筑于崇德三年（1638），康熙二十年（1681）基本完成，全长约975公里，主要在辽宁境内，以威远堡为中心向东南、西南、东北扩展，由盛京将军管辖。“新边”康熙年间（1670—1681）修建，在“老边”以北，自开原威远堡向东北延伸到吉林舒兰法特哈东亮子山，全长约345公里，由吉林将军管辖。新边以东、老边以北划为参山围场，广设边门、边台、卡伦、封堆，严禁汉人进入，甚至满洲旗人亦不准随便入内。清代柳条边共设边门21座，边台168座，其中在吉林将军辖区内有布尔图边库门、克尔素门、伊屯门、法特哈门。每门设防御、笔帖式各1员，披甲10名，直辖于吉林副都统，而统于吉林将军。道光二十年（1840）以后，东北放垦弛禁，柳条边也随之废弛。

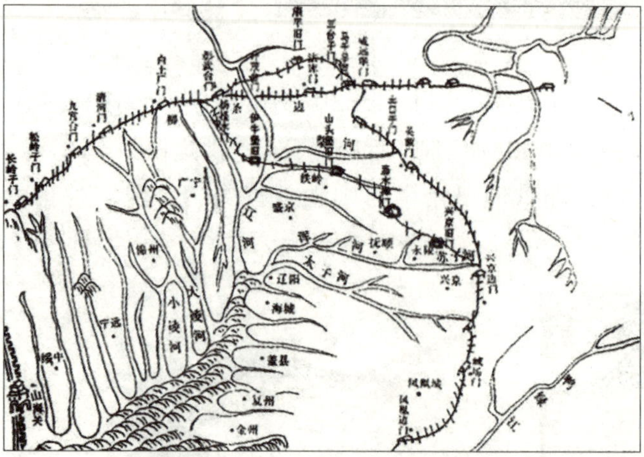

清代柳条边示意图

布尔图库边门遗址

驿站

吉林将军辖区内共有驿站38座，分两路监督统辖。乌拉额赫穆站监督管辖东路和西路。东路自小东门外乌拉站起，至宁古塔终，其间设大站1座，小站9座；西路自搜登起，到蒙古霍洛站止，设大站8座。金珠额佛罗站监督管辖北路。北路从金珠额佛罗起，到登伊哲库分道，正北是蒙古卡伦站，西北到齐齐哈尔茂兴站，计10大站；自蒙古卡伦站起，到三姓城，计10小站。每站设笔帖式、领催各1员，大站设壮丁25~50名，小站设壮丁10~15名，共有壮丁850名。此外，大小站还额设牛马车辆等。

卡伦

即驻军哨所。清朝在吉林、围场、乌拉、宁古塔、珲春、伯都讷、三姓、阿尔楚哈等地险要处设置了相当数量的卡伦。其设置目的就是为杜绝私挖人参、查偷打牲畜、私占禁山流民、防止入侵等。吉林地区共有常设卡伦44座，临时性卡伦61座，总计105座。每座卡伦都配有定额数量的官兵，并定期派出协领等员进行巡查。

2. 清代满族与吉林开发

（1）新满洲迁徙与京旗还屯

新满洲迁徙

清建国之初，东北满人被大量征调入关后，吉林地区呈现人烟稀少的状况。康熙元年（1662），清朝颁行宁古将军辖区招编新满洲的奖励办法，招募人口，组织生产开发。因此，清初东北满人流动主要是向吉林腹地迁徙。新满洲队伍的不断扩大，使吉林腹地的满人有所增加。如康熙十二年（1673）前后，宁古塔将军巴海招抚边远地区满人至宁古塔城附近，编为40个佐领，号为新满洲，这中间有墨尔哲勒氏（孟姓）等编入宁古塔满洲正蓝旗，巴海还于康熙十三年（1674）带领新佐领到京城朝见康熙帝。后来康熙帝巡幸吉林，赐诗巴海，称赞他“宣威布德，招徕远人”，就是指这件事。今黑龙江省依兰，满语称为“依兰哈喇”，依兰是汉语的“三”，哈拉是“姓”，原来这个地方有赫哲人的葛依克勒、卢业勒、胡什哈里三个氏族，是清初从乌苏里江口迁来，该地也因此而得名。还有一些迁徙北京和盛京的旗人，因不习惯京中生活，被允许返回吉林故土。但这种迁出而又迁回的是少数。但是清政府曾有组织地调拨北京、盛京旗人充实吉林，则有一定规模的。另外，吉林各地驻防的定额的八旗兵也是吉林满族的重要组成部分。

京旗还屯

乾隆时期，随着八旗人口的增殖，出现八旗生计问题。为了解决八旗生计问题，清政府迁移北京、盛京地区的闲散八旗至东北垦荒屯田。乾隆初年，清政府招佃开垦吉林五常堡荒地，盛京旗人1 000多户应招前往。乾隆八年（1743），清政府将其划入吉林旗籍，之后，在拉林、阿拉楚喀、双城堡、呼兰等地设满族屯田区。这些屯田的满族旗丁到达屯田地后，按八旗建制，建屯居住，成为吉林境内的屯田满族。

五常京旗文化博物馆

在有组织的移民垦荒的同时，还盛京闲散旗人与旗下家奴有携带家属私自前往者，而且此类人口日益增多。这虽然违背了旗人不得自行迁徙及吉林地区的封禁政策，但是清政府迫于形势，不得不允许将盛京兵、工部、内务府壮丁、王公宗室家奴及旗下家奴，划入吉林官庄从事耕种，纳粮当差，对正身旗人也没有一律捉拿押解回盛京原籍。这些人的后裔，也是今日吉林满族的重要组成部分。

（2）吉林开发

移民的进入，使吉林的人口状况发生了不小的变化。17世纪，吉林人烟稀少，流人钱志熙说，宁古塔城“皆深山穷谷，人迹罕到之地”。当时宁古塔城为将军治所，竟如此荒凉，其他地方更可以想见了。由于清建国初期的统一战争和抽调人口，使明代吉林的一些市镇毁灭了，如叶赫新旧二城“俱无人迹”。方士济道经于此，见状曾作《叶赫城》诗咏道：“空城草木长，狐狸自悲语。”又说：“史巨颂功勋，沧桑漏应补。”就是说不要光歌颂清太祖统一的赫赫神功，也应当看到在民族征服过程中“杀王浮民人”的残酷性。

到18世纪上半叶，由于移民和土著的增殖，吉林人口有了明显的增长。雍正元年（1723），雍正帝说吉林乌拉“人口孳生，各处之人聚彼贸易甚多”，他的臣子也说这里“旗民杂处，商贾聚集”，因而民事案件增多，于是每年向吉林派出满、汉科道官各一名，进行纠察。同时，为加强对汉民的管理，决定在吉林设立专职民政长官，因此，于1727年在吉林乌拉建立永吉州，于伯都讷设长宁县，宁古塔建泰宁县。这里设州县后，人口统计数字相继上升，永吉州1731年人丁1 470丁，1734年即达2 100多丁，3年之间增长32.75%；长宁县1733年人丁179丁，次年为201丁，增加10%，可见人口增加之速。这种发展趋势，使得清朝在执行封禁政策时，有所松动，即允许已经定居当地的汉人，如已有了家业，不再当作非法移民强迫回籍。于是向政府申报户口的人员大幅度增多。永吉州在3年内多出1/3人丁，大约就是这样

天恩地局

位于洮南市兴隆街，是清光绪二十八年（1902）清廷批准，在辽源州首立“札萨克图蒙荒行局”。光绪二十九年（1903）迁于双流镇（今洮南市）建衙署。仿造北京东单、西单王府格局，在双流镇建成这座集办公、住宅、花园于一休的蒙荒行局。光绪三十一年（1905），光绪皇帝为奖励开边、鼓励垦荒，赐御书金匾一块，长3米、宽1米，镌刻镀金阴文“天恩地局”欧体大字。

天恩地局

出现的。

18世纪后半叶，吉林经济有了一定发展，以吉林城、宁古塔等城镇为代表，农业、商业、交通均有一定进步。据记载，这一时期，“宁古塔及船厂工商佣作人等，不下三四万”，这已不是一个小的数目。基于此，乾隆十五年（1750），清政府下令，基于这些人在该地“有业可守，未免难迁，如果情愿入籍，应分别纳粮、纳丁，随宜安插”。

18世纪以来，伴随着大量汉族移民进入吉林地区，吉林地区迅速得到开发。到19世纪末，20世纪初，吉林汉族人口已经远远超出满族人口。随着清王朝的没落和辛亥鼎革后民族异议的盛行，以致旗人生计窘困，其社会主体地位已日益丧失。

第二章 浓郁多彩的民族风俗

一、独具魅力的民族服饰

吉林地区地处寒带，冬季漫长寒冷，满族及其先民曾长期以狩猎、采集为生，出于御寒及生产之需，满族逐渐形成了以尚皮毛、便骑射为特色的民族服饰。但随着清代满族社会地位的提高、生产和生活的进步，其服饰也逐渐发生了变化，由最初以皮毛、麻布为主而变为布帛、绸缎等并用。

冬季长白山

1. 服装

（1）上衣——旗袍、大襟衣、马褂

旗袍

旗袍是满族无论男女老幼、贫富贵贱皆穿的常服，满语称为“衣介”，是满族及其先民适应长期的山林狩猎生计逐渐形成的服饰形制。清末，男子旗袍逐渐废弃，但女式旗袍却由最初满族女性的着装，发展为深受汉族女性喜爱的、最具中国特色的女式服饰了。

清代老照片

旗袍的基本形制为圆领、窄袖、左衽、下摆开衩，系纽襻儿，束腰带。男子旗袍，长至脚面，下摆肥大，多四面开衩，以便骑射，故称“箭衣”。为了满足骑射的需要，满族人还在旗袍狭窄的袖口之上，加做一个半圆形的袖头，护住手背，故称“箭袖”，因其形似马蹄，俗称“马蹄袖”。清初女式旗袍为宽大的直筒形，长至脚面，袖口平直肥阔，颜色素雅。清中期以后，女士旗袍的款式有两方面变化：一是出现了狭窄的立领；二是衣形更趋肥阔，下摆长及脚踝。民初以来，由于汉族女性也效仿满族妇女开始穿旗袍，使旗袍的变化加速。“先是旗袍短才及膝，袖达肘际，赤露两臂……近则截发烙之，使曲散垂颈际。旗袍喜长，下可蔽足，左右开衿（褉），微露两腿，腰部瘦束，臀部外呈，领高及耳。”这番变化的结果，使旗袍终于完成了华丽的转身，成为最能代表东方女性魅力的着装，享有了“国服”的美誉。

旗袍

大襟衣

吉林满族女性虽以旗袍为主，但因其款式对妇女劳作都多有妨碍，于是满族女性吸收汉族劳动妇女服装的优点，在老式旗袍的基础上，衍生出另一种袍服，即大襟衣。此衣的款式也是高领（领高至颈）、大襟（衣襟脖颈处斜至腋下，再由腋下至衣服最低处，右侧缀纽襻儿）、领子、衣襟、袖口等处也用镶边

大襟衣

或绣花，但衣长刚刚过臀，便于劳作。这种大襟衣在新中国成立后衣长进一步缩短（长度及臀），直至20世纪七八十年代，仍有大量老年妇女穿着。

马褂

马褂是一种套在旗袍外面的小褂，满语称为“鄂多赫”，因便于骑马穿着，加之最初穿用者仅限士兵，故名“马褂”。马褂的基本形制为衣长及脐、袖长及肘、四面开衩、身袖宽肥。衣襟则有对襟、大襟和琵琶襟之别。其中，对襟马褂多作礼服，大襟马褂多作常服，琵琶襟马褂则多为行装。马褂除黄色为特赏之外，一般多以天青或元青色为礼服色，以深红、浅绿、紫绛、深蓝、深灰等诸色为常服之色。马褂的用料除绸缎、棉布等织物以外，还以皮毛为料，如海龙皮、猞猁皮、紫貂皮等。从清末到民初，内穿长袍、外套马褂，头戴“六合帽”（商人和官宦多戴礼帽），是满族民间最为流行的男式礼服。

马褂

（2）裤子——套裤、抿裆裤

套裤

满族人冬季出猎，为了防止严寒袭击两腿，多穿“套裤”。套裤，满语称为“渥阿布力”，是出猎骑马时套在骑手裤子外面的裤筒。其制：无裤腰，不缝裆，两只裤腿单独分开，每只裤管的上下两端有结带或索扣，穿时上系腰间，下结小腿。套裤保留了裤子最原始的形制，与汉族早期的“裁绔”或“胫衣”非常相近。

套裤

抿裆裤

吉林满族百姓通常穿“抿裆裤”，其制：长

腰、宽裆、肥腿，由于裤腰高阔，穿上后要在腰部扼个大褶，然后再扎系腰带。因为裤脚肥阔，也需扼褶以腿带扎系。这种裤装因为裤裆肥阔，穿着舒适，便于骑乘、劳作，所以直到20世纪70年代后期才逐渐淡出了裤装行列，但直至20世纪末，在偏僻乡村，依旧有老年男子穿扼裆裤。

套裤

2. 足衣

（1）靰鞡

靰鞡，又作“乌拉”，是满族最具民族特色的男鞋。满族及其先民，世代以狩猎、采集为生，终年在山林冰雪中奔波，为了保护双脚，最初以兽皮裹足，而后逐渐演变成鞋，满语称为“靰鞡”。靰鞡前平、后圆、口方，用牛皮、猪皮或兽皮（多为鹿皮）缝制，鞋帮和鞋底用一整块皮子制成，鞋前脸儿聚皮纳褶成半圆形，鞋帮两侧安有6个小耳，穿时用皮条或麻绳穿过小耳，系在小腿上。冬季穿着时要在靰鞡里面填絮靰鞡草以保暖。由于靰鞡轻便、结实、暖和，适合东北山地林区的地貌环境和气候条件，直至20世纪七八十年代，才逐渐退出了东北人的生活。

靰鞡鞋

（2）花盆底鞋

花盆底鞋是最具满族特色的女式高跟鞋，原称“寸子”，后因鞋底的外形如花盆，故俗称“花盆底鞋”。此鞋由上半部的鞋面和下半部鞋底两部分构成。鞋面的形制为圆口或掐脸，面料或棉布或彩缎，有紫、蓝、鱼白、米黄等各色，鞋帮上绣花缉云卷或水浪纹，鞋

花盆底鞋

帮绱在布衲底上。下半部鞋底为木质高跟，高跟在鞋底的正中央，鞋跟下端阔大，按形状可分为两种：其侧面似船形者为“船形花盆鞋”，如侧面似铁轨的横截面，前方后圆，高约10厘米，印在地上的痕迹似倒行的马蹄者，称为“马蹄底花盆鞋”。花盆底鞋本为清代宫廷女官用鞋，后渐渐为贵族妇女所用，清末民初扩大到了一般官绅之家的女眷。一般仅在参加典礼或宴宾时穿用，并配以旗装，且仅限于青年女性穿着。

二、风味独特的民族饮食

吉林满族在继承了其历代先民的传统饮食习俗的基础上，融入了蒙古族、汉族等其他民族的烹饪技术，创造了丰富多彩的满族美食佳肴，极大地丰富了吉林省的饮食文化。

1. 丰富的主食

吉林满族日常所食以杂粮为主，常食品种有稗子、麦子、粟（谷子）、秫（黏高粱）、黍（小黄米）、稷（糜子）、高粱、荞麦等，于是主食就形成了以面食为主、喜吃黏食的特点。

（1）饽饽

在满族饮食中，各种口味、形状、制作方法各异的面制品，统称为“饽饽”，类似汉族的糕点。这是满族食品中最具有特色的品种，向以其制作精巧、风味独特而著称于世，故有“满族面点汉族菜肴”之说。吉林满族也是如此，饽饽不仅是其日常的主食，还是各种祭祀活动中敬神必需的供品之一。其中尤以豆面饽饽、打糕、菠萝叶饽饽、黏米饽饽、撒糕、萨其马等为代表。

豆面饽饽

即“豆面卷子”，俗称“驴打滚儿”，满语称为“飞石黑阿峰”，多为春季食用。其制作方法是将大黄米或小黄米用水浸泡后磨成面，上锅蒸熟，裹上

豆面饽饽

炒熟的黄豆面，擀成大片，再抹上豆馅儿，卷成筒状，用刀切成小块后蘸蜂蜜食用。豆面饽饽色泽金黄，豆香馅儿甜，入口软糯，是老少皆宜的传统小吃。

椁椤叶饽饽

即以椁椤树嫩叶为主料制成的面点。椁椤树即柞树，为东北山区常见树木之一，属大风子科。椁椤叶饽饽的制作过程如下：先将红豇豆煮烂，捣成豆泥，把江米面用水和好擀成面饼，再将豆泥放在面饼上捏成饺子形，外裹椁椤叶（要在椁椤叶的向阳面涂上油，再包裹江米面儿饺子，以免蒸熟后树叶粘在面饺儿上，剥离困难），放在蒸笼中蒸熟即可。

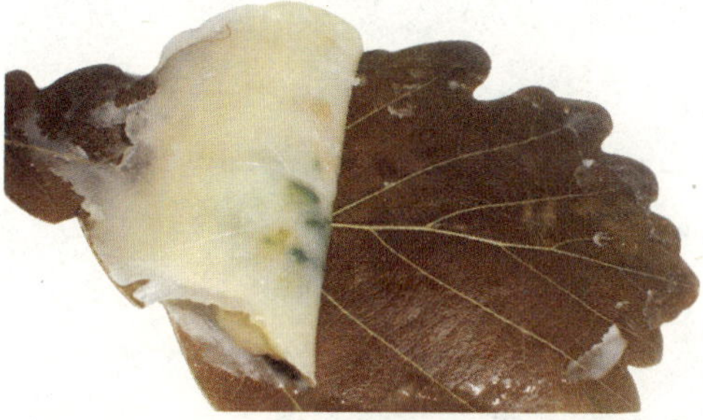

椁椤叶饽饽

哎吉格饽

即冻饺子。满洲人家每当过年时，家家必吃煮“哎吉格饽”，但往往一次要包很多，冻实后放在室外的大缸里，或自食或款待亲友，随时取出煮食。

（2）杂粮

小米、稗子

康熙以前，东北地区一般满族人家多吃小米饭，官绅人家多食稗子米饭。近当代满族则常吃高粱米饭、小米饭和玉米楂子饭；改革开放后，大米成了一日三餐中的主食。吉林满族也不例外，他们还常将豆类与各种杂粮配伍，佐以不同的烹饪技术，做出“高粱米豆饭”或“小米绿豆粥”等；将大米与小米配伍，做成“二米饭”，如果将高粱米和大米一起煮熟，就是“龙虎斗”。吉林满族夏季还有吃水饭的习惯，就是将做好的高粱米饭或小米饭捞出过水后，再放入清水中浸泡，吃时捞入碗内，清凉可口。

乏克

“乏克”，满语，意为“饭包”或“菜包”，就是将大白菜叶或生菜叶、苏子叶等（所用菜叶，随季节而定）铺开，将已熟米饭置于其上，拌以各式菜肴（一般以土豆泥、茄子泥等农家菜为主）及葱、香菜、大酱等，用双手将菜叶合上，团成圆形或长卷形，双手捧而食之。是吉林满族最具特色的主食。

乏克

（3）多样的佳肴

吉林满族肉食多以猪肉为主料，通过烧、烤、煎、炸、炒、蒸、炖、煮、煨、熏、酱等烹调方法，做出的菜肴花样翻新，制作方法和食用方式享誉全国，其中尤以火锅、皮冻、白肉血肠、烤全羊、回锅肉、焖肘子等菜肴为代表。

火锅

属炖菜类，其用料丰富，如野生的雉鸡、飞龙、半翅鸡、狍子等野味，猪、牛、羊等家畜之肉，以及鱼、蟹等水产，经过火锅烹煮，再配以酸菜、豆腐、粉条和各种时令蔬菜，和以葱、姜、盐等调味品，煮熟后食用，具有味道醇厚、气氛热烈的特点，因而备受食客欢迎。满族人家每遇年节、宴请宾客皆有吃火锅

火锅

之俗，有菊花火锅、三鲜火锅、什锦火锅等不同品种。

白肉血肠

满族名菜，源出于女真人“肉盘子”与“血脏羹”，为吉林满族人家年节喜庆、招待宾客的必备之食。选皮薄肉嫩的肥猪上五花肉一方，洗净后用清水慢火煮熟，薄切大片，上肥下瘦，码在盘中一片白色，故称白肉。将鲜猪血加调料搅拌后，灌入整治洁净的猪肠内，结扎后放入锅内煮熟，切成薄片，即为血肠。也可将切好的白肉片、血肠片与酸菜丝、粉条放在肉汤中调味同煮。白肉肥而不腻，血肠柔润适口，红白相间，色美味香，素为满族人所喜食。

白肉

血肠

蜜　饯

满族人将鲜果用蜂蜜浸泡后而食者，即“渍山果”，也称为“蜜饯”，为现代果脯的前身。这些野果蜜饯不仅是吉林满族民众的日常食用之物，而且是他们向朝廷贡献的重要“方物”之一，清代在吉林乌拉街所设的“打牲乌拉衙门”中，就有专司采集松子、核桃、蜂蜜者，以满足皇室所需。

特牲与全羊

吉林满族大宴有用“特牲”之俗。所谓“特牲”即将加工好的整猪、整羊、整鹅等畜禽，供客人用刀自割而食的食俗。食“全羊”是特牲的一种，满族初兴时的全羊，是将整只羊肢解后，用水煮熟、捞出，再按部位拼成原形，盛于大盘内上桌，食者以刀割食，今日的制作方法多为烤全羊。吉林满族人家祭神、还愿或年节喜庆必吃的大锅肉，就是“特牲”的变异。

阿玛尊肉

《清朝野史大观·满人吃肉大典》记载："凡满洲贵家有大祭礼或喜庆，则设食肉之会，无论识与不识，若明其礼节者即可往……或十人一围，或八九人一围……肉皆白煮，例不准加盐酱，甚嫩美……主人并不陪食，但巡视各座所食之多寡而已……食毕即行，不准谢，不准拭口，谓此乃享神馂余，不谢也，拭口则不敬神矣。"这就是清朝文人津津乐道的"满人吃肉大典"，今日已经演变成了吉林满族招待四方亲朋的名菜——"阿玛尊肉"，汉译"福肉"（享神之余，赐福与人），也称"努尔哈赤黄金肉"，为"满族八大碗"的重要组成部分。

2. 呷饮与嗜烟

（1）呷饮

糊米水

也称糊米茶，它和酸茶一样，虽以"茶"为名，但在制作过程中却是不添加任何茶叶的自制饮料。糊米即炒米，首先将大麦米、糙米等放入锅内加热，不停翻炒至籽粒焦黄即可盛出，晾凉后装入罐中备用。饮用时，将炒米放入茶壶中，冲入沸水，加盖焖一会儿即可饮用。亦可根据饮用者的个人口味，加入适量的大枣、菊花或少许蜂蜜。其味糊香甘醇，汤汁浓厚，具有开胃健脾、消食化积之功。

酸茶

就是将玉米面、豆面按一定比例混合后加水泡开，稍加发酵后煮熟晾凉，即可饮用。其味酸甜，微凉，在炎热的夏季，顺喉而入，沁人心脾，深受人们的欢迎。

米酒与烧酒

吉林满族多自制米酒，满语称为"詹冲努力"，俗称米儿酒、秋酒，因多以黄米酿造，又名黄酒。

宁古塔满族人称烧酒为“汤子酒”，多用高粱酿成，酒精含量高于米酒，性烈，饮之可以活血驱寒，因此为好酒的满族人所爱，其售价略高于米酒。吉林所产烧酒尤以伯都讷（今松源市宁江区）为大宗，历史上曾大量输入黑龙江。

（2）嗜烟

满族不分男女老幼皆嗜烟，“关东三大怪”中的“十七八岁的姑娘叼烟袋”即源于此。吉林满族主要吸食本地所产烟草，俗称“蛤蟆烟”或“关东烟儿”，主要产自额穆赫索罗（今蛟河市）或宁古塔。这种烟多在烟楼子中烘烤而成，名曰“烤烟”，直至今日，在吉林蛟河等地的田间地头上，这种烟楼子还时有所见。

嗜烟

满族民众吸烟的烟具主要有烟袋和装烟的烟荷包、烟笸箩等。烟袋有烟袋锅、烟袋杆和烟嘴三部分。烟袋锅多为黄铜或白铜制成，半圆形，用来盛装烟丝或碎烟叶；烟袋杆分为铜质和木质两种，其中尤以乌木为佳。一般情况下，男子所用的烟袋杆较短，女用烟袋杆又细又长，有的老太太所用烟袋杆长达1米余。烟袋嘴则用铜质、玉石、青金石、翡翠等多种材质制成。烟荷包多用各色棉布、绫罗绸缎、皮革等制成，两面绣有精美的花卉、虫鸟、鱼虾等图案，挂在腰间。烟笸箩尤以纸制者最具民族特色，内盛烟叶、火柴、卷烟纸之类。正因满族嗜烟，所以还形成了以烟敬客之俗，满族婚俗中的“装烟礼”就源于此。

关东三大怪之“十七八岁的姑娘叼烟袋”

满族男女老幼皆嗜烟，尤其“妇女酷嗜之”。街市间姗姗而来者，均手携烟袋，且行且吸，被视为“奇俗”。

满族秧歌中的吸烟表演

三、别具一格的住居交通

适应吉林地区自然地理环境，吉林满族因地因时制宜，就地取材，形成了自己独具特色的住居交通习俗。

1. 住居

（1）房舍

四合院

居住在平原地区的吉林满族人家的院子都比较宽敞、大气，经济实力稍强者，除建有坐北朝南的正房外，还建有东、西厢房和院墙、门楼等附属建

四合院

筑，组成矩形封闭式庭院，即“四合院”。一般只有一进院落，正房多面阔三间，间或有五间者，每间面阔四米左右；中间开门，进门为灶间，有锅灶及炊事用具。西间为上屋，为家中长辈居所，东屋为晚辈人居住。吉林满族民宅最突出的民族特点是烟囱的设计。烟囱满语称为“呼兰”，与中原地区汉族住宅烟囱一般夹在山墙中不同，吉林满族民宅的烟囱独立于室外，建在房山之侧，通过孔道与炕相通，早期以中空之木制成，后来使用坯或砖垒砌。这主要是出于防火的考虑。因为满族早期的房舍都是以木架为骨，棚盖或以桦皮覆盖，或用草苫成，烟囱如在房顶上，冒出的点滴火星容易引燃熊熊大火。这也是东北满族民宅的特点。

拉合泥草房

所谓的“拉合泥草房”其建筑格局和一般的满族民居没有明显区别，只是建筑墙体的材料，不同于泥坯或砖筑的平原四合院，而是以木柱为骨，附以草、泥筑成的墙，俗称“拉核墙”。拉核墙不仅坚固，

泥草房

而且防寒保暖的效果极好，特别适于气候寒冷的平原地区或木材稀少而珍贵的半山区。

关东三大怪之“窗户纸糊在外”

清代吉林满族民居，“室门向外开”，“窗纸辄外糊”。近代以来，房门多为两层，内层为两扇板门，有木制插销，向里开；外层为独扇的花格木板门，向外开。外屋靠门侧有一小窗，俗称“马窗”，既便于人们观察室外，又能在一定程度上增加室内采光。里屋每间房的南面都辟有3个或两个并排的窗户，每个窗之间有宽木相隔。每个窗户均为上下两扇组合而成的窗式，一般上大下小，上扇轴在上，向里开，向上张，用木棍支撑或在棚上悬钩吊挂，这就是所谓的满族“吊搭窗”。居屋内多开北窗，以延长采光时间，保证夏季开窗时有较大的“过堂风”穿户。也有的人家开有西窗或东窗（居东室者），使通风更为舒畅。

满族住宅的窗户皆用高丽纸糊在窗棂外侧，形成了“关东三大怪”之一的“窗户纸糊在外”。窗户纸用盐水、苏油喷浸，既可增加室内的亮度，又能使其经久耐用，不会因风吹日晒而损坏，还可避免窗户纸因一冷一热而脱落。

“窗户纸糊在外”

地窨子

地窨子多选在山坳与河流小溪附近的南面向阳坡地上，既可有效地避免暴风雪的袭击、保证室内有较为充足的阳光，又可就近取水、便于生活。然后在选好的坡地上挖掘深约1~2米的长方形坑穴，空间大小则视居住人口的多少而定，再拢起火堆将穴坑内的潮气熏干，在地面和墙上刷上石灰以防潮。最后搭建屋顶，即在坑穴内架铺椽柱，构成屋顶，在顶部绑草把，铺上秸秆或房草，再覆盖半尺多厚的土培实，于坑穴的南面或东南角留出房门和小窗，其余房顶和地面间的部分用土墙封堵。地窨子建造方便、成本低廉，在为满族族众提供了生息繁衍空间的同时，也成了历史上的淘金者、赶山人和抗联战士的隐蔽之所，直至20世纪末才消失。

居住在张广才岭的巴拉人，曾长时间地保留了穴居的传统，当地人称为“地窨子”。

地窨子

（2）家居格局

口袋房、弯子炕

吉林满族之家的住宅多为坐北朝南的建筑，一般面阔3间或5间，3间者多于最东面一间的南侧开门，5间者则多是在东起第二间开门，整座房屋形

口袋房

蔓子炕

似口袋，故称“口袋房”。这种格局的房子有一个共同点，即都在上屋里筑有一个南、西、北三面连在一起、外观呈“匚”字形的大土坯炕，三炕烟道相通，共用一个烟囱，俗称“弯子炕”、“万字炕”“蔓子炕”“蔓枝炕”，又作“卍字炕”，或称“拐子炕”，满语称为“土瓦”。一般西炕较窄，南炕和北炕两铺炕相对，俗称“对面炕”。炕用土坯（后来也用砖、石）搭砌，上抹泥。炕的边缘用光滑的厚木板镶嵌，称为炕沿，炕上铺席。炕不仅是满族人睡觉之所，也是用来取暖的设施，因此有“炕热屋子暖”之说。

悠车

悠车形如船，一般用柳木板或桦树皮制成，车外绘以内容吉祥的彩画，车内垫薄板。前后两头的左、右两侧，各系一环，以长绳穿过环内，再将绳

悠车

索牢固地悬挂在房梁或檩子上，也有悬挂在特备的子孙杆上者，是满族人家的传统育儿工具。吉林满族习俗，悠车不忌其旧，寓意世世传承使用，子孙代代绵绵。也正因为如此，吉林满族中也流行“借悠车”的习俗，以求孩子能够健康长大成人。

关东三大怪之“养活孩子吊起来”

《清稗类钞》“吉林俗尚”记载：婴孩栖以摇篮，不置诸地，以索悬之，泣则扶而荡漾于空际。这就是“养活孩子吊起来”的满族旧俗。一般婴儿放置其中，哭则乳之，不哭则悠之。为吸引孩子的注意力，使其不哭不闹，父母多在悠车上系有铃铛等玩饰。

2. 交通

（1）爬犁

在吉林满族的陆路出行习俗中，最富民族特色和地域特点的当为爬犁了。

爬犁，又作“扒犁”，满语称“法喇”，是祖居东北的满族民众发明的适宜冰雪地域运行的交通工具。爬犁的一般形制为，前部为两根长而向上翘起的辕，后部是一长方形的木架。木架底部为平而光滑的两根底木，直接接触冰雪。木架上方铺设木板，或坐人，或载货。长白山地区的冬季，冰天雪地，人车出行都十分困难，聪明的满族民众，驾驶着“爬犁”穿行于山林之间、雪原之上，以马、牛为驾。居住在张广才岭的吉林满族“巴拉人”还用狗拉爬犁。一张爬犁可坐三四人，载货数百斤，良马一日可行二三百

爬犁

里，行动十分便捷，是冬季最好的交通工具。

（2）威呼

吉林满族的水上交通运输工具主要是船，最具民族特点者为威呼、扎哈和五板船。

满语“威呼”，又作“威忽”“威弧”“艉舭”等，汉译“小船”，就是东北满族常使的独木小舟，清末张凤台对吉林省境内威呼的使用情况曾作过一番考证：“木槽之制，自通化、临江以至长白，凡渡江渡河皆用之。小则以独木为之，可渡八九人。大则并两木槽，平面钉以木板，可渡车马，是因其制而变通者也。”

（3）扎哈

扎哈是一种比威呼更为轻便的小舟。“较威呼尤轻捷，才受两三人……土人习于扎哈、威呼，尤能凫水。”扎哈多用皮革或桦树皮制造，因其材质轻便，所以出行者陆行可载于马上携行，遇小河则凭此而渡河。威呼和扎哈制作简单、方便，但只能在小河中使用。

（4）五板船

是一种比威呼稍大的船只。《柳边纪略》中这样记载：“宁古塔船有二种，小者曰威弧……大者曰‘五板船’，三舱，合五板为之。合处不用灰、麻，钉以木，水渍则以青苔塞之，可受十余人……五板船，富者乃有之；威弧随处皆有，秋冬则以为马槽。”

四、繁缛严格的礼制仪规

俗语说，满族人“规矩大”，从尊老敬长到待客之道，满族形成了一套繁缛且须严格遵守的礼节，所谓的“规矩大”就是指此而言。满族的这种“规矩大”表现在其日常生活中的方方面面。

1. 一个“规矩大”的民族

（1）尊老敬长

传统满族人家无论门户高低，都有晨昏定省的规矩，即每天清晨起床后，晚辈要向长辈行礼问安；平素晚辈外出，须叩头请安，告知长辈，长辈同意后才可出行。外出归来须先到长辈屋中禀明长者，叩谢之后才能回到自己房间。长辈进屋，子弟要起立。长者问话，要垂手敬听，然后回答。如果走在路上遇见长者，少者必须躬身垂手问好（赛音），待长者走过，方可再行。平辈同行，兄在前，弟居后。

请安问好

俗尚齿，不序贵贱……新岁卑幼见尊长，必长跪叩首，尊长者坐而受之不为礼。首必四叩，至三则跪而昂首，若听命者然。尊长者以好语祝之，乃一叩而起，否则不起也……少者至老者家，虽宾必隅坐随行。出遇老者于途，必鞠躬垂首而问曰：“赛音。”赛因者，汉言好也。若乘马必下，俟老者过，老者命之乘，乃敢避而乘。

——《柳边纪略》卷四中描写的吉林满族礼节

（2）待客之道

如果客人是长辈，主人则要先请安，再让坐，然后再装烟、敬茶、唠家常。招待客人吃饭时，一定要先用干净抹布当着客人的面儿，将饭桌擦一遍，先上4个压桌小碟摆在桌心儿，再上吃碟和筷子，吃碟在左、筷子在右，摆放整齐，切忌当客人的面儿墩齐筷子。一般用4个或6个菜招待客人，讲究的是“四平八稳”“六六大顺”，寓意旅途平安顺畅；菜品取双不取单，

满族待客

即上菜时一次要上两盘儿，菜品要荤素搭配、凉热相宜。吃饭时只能由男性家长陪客，若男家长不在家，只能由男孩陪客，否则就是对客人的不敬。如客人年少，长者的男性主人坐主位，若客人为长辈，则客人盘腿坐主位，陪客男孩只能耷拉着腿坐在左侧炕边。就餐时，由媳妇斟满头盅酒，然后敬立门旁，准备随时添饭加菜。

（3）长幼有序、男女有别

满族在家庭生活中讲究“长幼有序、男女有别”。满族小辈媳妇每天晨起后，要到西屋向公婆请安、倒尿盆，然后洗手为公婆装烟，装好烟自己划火点着后，再用手帕将烟袋嘴儿擦干净双手捧着递给老人，但忌讳将烟袋横着递或将烟袋锅朝着老人，犯忌轻则挨白眼被骂，重则可能被刨上一烟袋锅子。

伊通满族杨贵东作品——百岁老人的笑容

2. 繁缛的礼节

《中华风俗志·吉林》、民国《双城县志》中对吉林满族礼节多有记载。而事实上，满族礼节远比文献记载的还要复杂。

（1）请安礼

男子就有“问安”“打千儿”“叩头”之别。

问安

为请小安，垂手站立问好。

打千儿

为请大安，俗称“单腿跪”，行礼者先撣下马蹄袖袖头，然后左腿前屈，右腿后蹲，左手扶膝，右手下垂，头与身略前倾。

叩头礼

即磕头，又有一跪三叩首和二跪六叩首之别，过年请安则须四叩“至三则跪而昂首，若听命者然。尊长者以好语祝之，乃一叩而起，否则不起也”。

（2）见面礼

握手

亲友相见，要握手互相问候。

抱腰接面

若是至亲久别相见，则彼此要抱腰接面，然后执手问安，即所谓的“抱腰接面大礼”。若晚辈见长辈，则两手抱其腰，长者用手抚晚辈之背。

顶头礼

老年夫妻久别重逢，则行“顶头礼”：老伴迎上前去用头顶住老头胸脯，老头轻轻抚摸几下老伴后脑勺儿或后脖颈。

拉拉礼

女子相见，行“拉拉礼”，即手拉手之礼；但若是女孩给母亲、奶奶、姥姥等长辈请安，则一定以头顶在对方胸部，以高于常礼并表示亲热。

> 请安为满礼，分数种。曰“请大安”，屈右膝及地，垂右臂。卑幼于尊长、小官见大官均用之。受者或舒右臂接之，否则颔首示答而已；曰“请双安”，平辈亲友久不相见者，于初见时先请一安，为表亲敬之意。再请一安，为问候家属之意；曰“请对安”，为双方互行者，亲友平等者用之，商人贺年时皆用之。曰“跪安”，为妇人所行之常礼，双膝微屈，形似半跪，故云。
>
> ——民国《双城县志》载双城境内清代礼俗

民国以后，礼制变更，请安之礼被废，男子以脱帽鞠躬为常行之礼，脱帽三鞠躬为最重之礼。

五、新旧杂陈的婚嫁习俗

吉林满族在继承了其历代先世，特别是女真人某些传统习俗的同时，又因自身社会的发展和受汉族等其他民族的影响，而逐渐形成了具有民族融合特色的新婚俗。

扶余一带的满族人称结婚为“小登科”，足见吉林满族民众对结婚的重视程度，但满族民众具体的婚娶仪式，却因时代、社会地位、籍贯以及对本民族婚姻文化的认知不同，而微有差异，但基本程序和主要内容则相同。总体说来，吉林满族的婚娶礼，大体上包括订亲、筹备婚礼和结婚典礼等几个阶段，整个过程中，以下各环节民族特色较浓，即通媒、合婚、相门户、下小定、拜女家、换盅（订婚）、请期、下聘、择吉（筹备婚礼）、送妆、插车礼、拜堂（婚礼）等。

1. 婚礼前

(1)通媒、合婚

吉林满族男女到了适婚年龄就要订婚，虽然平民之家有一定的自由婚存在，但通向婚姻的主要桥梁总体还是以“父母之命”“媒妁之言”为主。如果双方同意，便通过媒人互相交换“门户帖”，使议婚双方有一个大致的了解，此为“通媒”。如果双方均比较满意，女方长辈就通过媒人相看男孩子，俗称“望门户”。如果女方家对男孩子满意，就将女孩的生辰八字写入“庚帖”中，由媒人交给男方。男方将庚帖放在家里灶王爷的神位下，如果3日之内男方家没有破财、疾病、口角等事发生，便找一个算命先生，按男女双方的生辰八字、阴阳五行推算男女双方八字是否相合、有无妨克婆公姑叔等项，谓之“合婚”。若双方命属相合，遂进入下阶段。

(2)相门户与下小定

“相门户”即男方的母亲及亲属在媒人带领下，到女孩家相看女孩子。如果满意，男孩的母亲就会留下戒指、钳子、镯子、布匹之类的几件礼物，作为给女孩的信物，俗称“过小礼”。也有的男方主妇将钗、珥等饰物簪于女子髻，以为定礼，俗称“下定”，或名曰“插戴礼”。作为回报，放小定后，女孩要行“装烟礼”，即女子盛服以饰，拜见男方尊长并以旱烟袋装烟，依次相敬，男方尊长以钱币相赠，名曰“装烟钱”。这种风俗，在现代吉林某些地方的农家仍然很盛行。

(3)拜女家

“下小定”后的满族人家，按“男下女”的传统旧俗，男孩还需在父亲的率领下，到女子的姻亲家——包括女孩的舅父母家、姑父母家、姨父母家中给所有的亲属磕头，所有“姻亲”均要坦然而受，否则就意味着不同意这门亲事。这种男下女之礼，普遍存在于清前期，据文献所载，历史上吉林所属三姓（今黑龙江省依兰县）地区，直至民国初期还保持着“拜女家”的风俗。

（4）“换盅”与“请期”

即男方父母到女方家，与女方家长在媒人见证下，互换酒盅喝酒之举，标志双方正式确定婚姻关系，相当于汉族的“定亲”。亲事既定，马上就进入筹备迎娶事宜阶段。喝“换盅”酒时，女方家就将准备好的彩礼单子交给媒人，由媒人征求男方意见，最后议定聘礼，并确定下聘礼的时间，即为“请期”。

（5）下聘

“下聘”即下聘礼，俗称“下茶”，也称“过礼”“过大礼”或“放大定”，即男方父母、叔伯等人，按双方商定的日期、聘礼的数目，在媒人的见证下，把财物送到女方家。吉林满族下聘礼时有如下物品必不可少：黑猪一至两口、米儿酒一至两坛子，俗称“他哈猪”（供女方家跳喜神之用）；“红棉袄一件、绿棉裤一条、踩堂鞋一双（结婚当日新娘要穿的衣着），至于其他财物，可视具体情况而定。亲友也会赠给女孩一些首饰或衣物、布料，表示祝贺，俗称“填箱”。

（6）择吉

即男方选定结婚的“良辰吉日”，并通知给女方。

2. 婚礼中

吉林各地满族民众结婚典礼的具体程序、礼俗等，因地域的差别有所差异。吉林伊通县满族在民国时结婚一般为3天：头一天男方家杀猪、搭灶、立鼓乐棚子、拜祖宗；第二日是搭喜车、安箱柜；第三天为“正日子”，举行结婚典礼等等，不一而足，一般包括如下环节：

（1）送妆

即女方家往男方家送嫁妆。满族旧俗，女孩出嫁时父母都要陪送一定的嫁妆。吉林满族在娘家送嫁妆时，准新郎热情招待送妆之人后，将其悉数留宿家中，次日直接参加在男方家里举行的婚礼。送嫁妆的车辆直至新郎家大门口，由男方家亲友帮助卸下嫁妆，放在大门口，俗称“亮箱”，让人们看看

嫁妆丰厚与否。

（2）亲迎、"插车礼"与"打下处"

所谓"亲迎"就是新郎随同娶亲婆、宾相等前往女家迎接聘女成婚之举。吉林满族结婚时，往往是男方亲迎和女方送亲同时进行，届时装扮一新的新娘由送亲婆相陪、哥哥护送、亲朋相随，乘坐马车直奔新郎家；新郎则在娶亲婆、傧相等人的陪同下，带着喜车赶往新娘家，两车途遇，喜车停下，由新娘的哥哥将新娘抱到迎亲的喜车上，是谓"插车礼"。

如果接亲双方家里相距很远，娘家就提前一日送亲，中途借宿他人之家，次日新郎到新娘借宿处迎娶，这一习俗，俗曰"打下处"，伊通等地名曰"打下墅"。新郎家会派人将除了送亲婆、新娘及其兄弟外的所有送亲客请到家里食宿。次日清晨，新郎骑马，由娶亲婆、傧相等人陪同，带着轿车去"下处"迎娶新娘。喜车离开下处时，娘家人给提供"下处"的人家留下"压炕钱"。"插车礼"意味着新娘的亲人将其安全地送交了她的丈夫及家人。

（3）憋性、驱煞神和坐帐篷

当新娘乘坐的轿车来到男家大门口时，男家院门要关上一会儿，有意憋一憋新娘的性情，俗称"憋性"或"扳性"，此举寓意使新娘的性情更为温顺。然后大门开启，新郎手持弓箭，向轿门虚射三箭，分别是射天狼、射地妖、射红煞，谓之"驱煞神"，寓意可以射死或赶走随轿而来的鬼怪邪祟。事实上，箭射新娘是满族独特的婚礼习俗，是满族先世部落时代抢婚的遗习。这时的新娘才在"娶亲婆"、"送亲婆"一左一右的搀扶下下车，新郎在前，新娘在后，脚踏红毡，进到庭院中早已搭好的"帐篷"里，稍后，新娘在娶亲婆的帮助下重新梳洗化妆，同新郎来到桌旁对坐喝3杯酒，然后新郎在前、新娘在后，新郎拉住新娘的衣袖，围着桌子左走3圈、右走3圈，这就是满族婚礼中的"坐帐"或"坐帐篷"。20世纪中期以来，"坐帐"取消了，新人直接进入洞房中坐定，其名称也由"坐帐"变成了"坐福"。

（4）拜北斗与入洞房

坐帐完毕，一对新人来到院子东南的"天地桌"前，卯时一到，新人跪下上香，望北三叩首，俗称“拜北斗”，即拜天地。拜罢大地新人起身来到洞房门口，新娘子跨过放在门槛上的马鞍子，既取过日子平平安安之意，还避免了新娘踩上房门口的滴水檐，以免影响生儿育女。在迈过门时，新郎用秤杆把新娘子头上的盖头挑下来，俗称“揭盖头”，新郎揭盖头后，抚一抚新娘的头，再摸摸自己的头，以示“结发夫妻”，寓意夫妇二人白头偕老。新娘走进洞房，踏着高粱口袋上炕后，再把“踩堂鞋”脱下来，放在洞房的门槛上，取步步登高、日子吉祥之意。新娘在炕上落座只一会儿，新郎的弟弟就用手拉新娘衣襟、拳打后背的方式，示意嫂子下炕，因为俗语有“小叔子拉一把，又有骡子又有马”，“小叔子打一拳，又有金银又有钱”之说，预祝未来家业兴隆富庶。新娘下炕时要换穿紫色的绣花鞋，寓意家族子孙兴旺，人丁昌盛。

（5）分大小与散箱

结婚次日清晨，新郎新娘要早早起床，梳洗完毕，本家嫂子将一捆捆绑得非常整齐的桃木杆儿（柴长40厘米，粗细均匀，共9根），交由新娘抱着出门，名为“抱柴（财）”，即寓新人给家族带来恒久财运之意，也表示新人不忘勤苦劳作之意。再由新郎领新娘到厨房拜灶神，行三叩六拜之礼，然后回正堂拜见公婆、兄嫂及族中亲友，逐一敬烟问安，借以认识婆家的亲属，谓之“分大小”，俗称“分辈数”；至亲好友还要给新娘“压腰钱”，俗称“装烟钱”。经此一拜，新娘才正式确立了在夫家的地位。稍后，新娘打开箱柜，将各种嫁妆都摆在炕上亮出来，让婆婆和众亲属看一看新娘的针线活计，名为“翻箱”，寓意过日子能够起发。新娘再将预计给婆家和亲属做的鞋袜等物，分别赠送给公婆、叔伯、兄嫂等人，是为“散箱”。至此，吉林满族的婚礼过程才最后结束。

3. 回门与住对月

婚后第三天，新郎在妻子的陪同下，到岳父母家拜望，名为“回酒”或“回门”。临行时，小两口儿要带上一包高粱、数棵大葱、两把粉条以及有4根肋骨的猪肉一块儿作为礼物，在娘家住一宿。次日回家时，娘家将新人带回去的礼物分出一部分，让女儿、女婿拿回家，寓意作为至亲骨肉的两家人，今后相亲相爱，衣食充足，财富长流久远。新婚满一个月，新娘要回娘家住一个月，名为“住对月”。在这一个月里，新娘要给婆家每一位做一双鞋，名曰“遍家鞋”。“协”与“鞋”同音，取“遍家协和”之义。至此，吉林满族的整个结婚程序才算是画上了一个圆满的句号。

以上是吉林满族婚俗的主要内容，但民谚有“十里不同风，百里不同俗”之语，吉林满族婚礼的具体程序，也因地域之别和家族文化的传承而略有差异。但不论具体程序如何，满汉民俗交融的特色则随着时间的推移，越来越多地展现出来。

六、古朴细密的丧葬习俗

清初，吉林满族继承了女真人的传统葬俗，主要实行火葬，但此后吉林满族民众由于生产、生活方式的改变和受汉族影响日深，其丧葬习俗逐步从火葬过渡到土葬。而丧葬仪式也呈现出由简单到复杂的演变过程。

吉林满族的丧礼流程，主要有送终、停尸、哭丧、挂红幡、报丧、入殓、停灵、祭奠、开吊、刹扣、出殡、下葬、墓祭等。

1. 送终与停尸

停尸是人亡故后的第一个仪式，即为死者穿上准备好的寿衣，再将尸体安放在规定的地方。寿衣的穿戴一般多在逝者弥留之际就已经开始，俗称“穿寿衣”。寿衣也称“装老衣服”，家有老人一般提前准备好。此间全家人不许哭喊，静静地等候逝者离开人世，此为“送终”。当逝者弥留之际，家人还须将西屋的祖宗板、宗谱匣子取下包好，镜子也要用布蒙上，因为祖先不能见孝。穿戴整齐后，将死者抬放到事先搭建好的灵床之上。死者头西脚东，呈仰卧状。逝者头前放一碗黄米饭，用筷子一双插在碗中，俗称“倒头饭”，脚下燃一盏油灯，俗称“长明灯”，以照亮幽冥之路，出灵之前不许熄灯。

2. 哭丧

停尸妥当后，丧者家人开始穿孝举哀。清末民初吉林满族不戴孝帽不披麻，男子身穿孝衫子、腰扎孝带，为了区分辈分，孝衫上要缝上不同颜色的布条。如果死者高寿，也可以穿“花孝”——即穿红孝衫子，表示是喜丧。女子则要戴孝包头，以灰布蒙鞋面。举哀时按男左女右之序，死者之子居尸左，女儿居尸右，坐在铺好草的屋地上，一齐大声号哭，俗谓“哭丧”。

3. 挂红幡与报丧

停尸的同时还要挂红幡。满族旧俗，以白色为吉，以红色为凶，所以满族的丧幡为红色，清代吉林满族红幡的材质因死者地位之尊卑而不同。幡是用整幅（也有用半幅的）红布做幡身，顶部用三角形青布做幡头，下部用两长两短青布条做幡尾，挑起后宛如人形。幡杆只能用杨木或柳木，高5米左右，立在院门之前，幡首向外，男左女右，俗谓“门幡”。对于相距较远的逝者亲友，由丧家派人通知，此谓“报丧”。死者的亲友听到消息后，即前往丧家吊唁，谓之“探丧”。

4. 入殓与停灵

“入殓”就是选择“吉时”装尸入棺的仪式。满族的棺材不同于汉族，俗称“旗材”。吉林满族习俗，一般在老人过了50岁后，子女就要请木匠制作“鞑子荷包”（满族棺材），否则就有“不孝”之嫌。旗材为平脊式，分上下两部分，棺材盖、棺材帮、棺材底和前后堵头都要用5块独板制成，盖上盖后高约1米左右，上盖约占1/4，帮和底约占3/4。寿材一般画二十四孝图。入殓时，先由逝者的长子用筷子夹着一个湿棉团儿擦拭死者口、眼等五官部位，口中喃喃有词，以为亡者祈福，谓之“开光”。然后解开逝者腿上的“绊脚索”，将尸体从窗户抬出，放入棺内。满族旧俗，逝者不可以再见天日，所以，从窗户抬尸时，还要用毡、席之类，遮住日月星辰。尸体两侧置死者生前衣饰等物，然后盖棺，举家号恸，入殓仪式始毕。

院内要搭灵棚、支灵床，灵床前设供桌，桌旁点长明灯一盏，桌前放烧纸盆儿一个，供亲友灵前祭奠，此为“停灵”。停灵的时间有一七、三七、五七、七七不等，生活富裕的家庭，长辈辞世可停灵七七四十九天，生活困难的家庭人死后多停灵三日，还有随时出殡的。现代则一般停灵三五天。停灵时“孝子”不能离开灵棚，朝夕守灵。

5. 祭奠

祭奠是请死者之灵享用祭品的仪式，分为家祭与宾祭。家祭开始于停灵烧倒头纸、点长明灯，其后主要是每日两次供饭、供果、烧纸、举哀，停灵期间，每晚要到土地庙为死者送浆水饭。富贵之家，还要在二门外奏乐，请和尚、道士、喇嘛等同时念经。

6. 开吊与刹扣

就是出殡的前一天，在灵前摆一桌祭筵，逝者家人及亲朋依次奠酒拜祭的仪式。届时，丧家男左女右分跪在灵前，由两个人托着方盘供菜、供饭，上供时方盘要从开吊人的头顶越过，开吊人双手举过顶，表示举哀。家人开吊后，再由直系亲属开吊，家人跪在棺材两侧陪吊。刹扣就是把棺材盖用钉子钉死在棺材帮上的仪式。此俗源于汉族。钉棺用铁钉3根，左1右2，届时，丧家全家人要号啕大哭，边哭边喊死者“往左（往右）躲钉”。后半夜要“捆材”，即用半幅红布，把灵柩捆上三道绑好，以备起灵。

7. 出殡与下葬

“出殡”就是灵柩发引抬往墓地的过程。吉林满族出殡必择单日，一大早，丧家要派人到祖坟地“打井子”，即在墓地挖墓穴。吉时一到，即刻起灵出殡。出殡之前，首先要把布幡从木杆上取下来，以备出发时孝子或孝孙举幡前导，作为引路。还要先将灵柩放在事先准备好的抬杠之上。届时长子摔丧盆，执事人一声喊“起灵”，杠夫立即抬杠上肩向墓地进发。送殡时，长孝子在前，其他孝子、孝孙随后，一同哭着引棺前进。沿途还不断有专人向空中抛撒纸钱，特别是所过街口、桥梁必撒，俗称“买路钱”。

下葬即埋棺入土的过程。出殡队伍到达墓地后，将灵柩落在短原木上，开始清理挖好的坟穴，穴坑底儿前后各留一道小土棱子，在坑底四角各扔铸币一枚，再掐几小块饽饽屑扔入坟坑，然后将灵柩放在墓穴之中，把倒头饭和长命灯都放在灵前，再将幡放在棺材上。随即长孝子往墓穴四角填几锹土，然后大家动手填土将棺埋起，并在墓穴上方起一个坟头，坟成形后向坟头上压几张烧纸，摆上供品，再在坟顶上架起三道秫秸横梁，把咽口钱系在中间的横梁上。然后烧纸，孝子孝女哭祭一番，向坟头叩首而归。戴孝者除了儿子媳妇外，都把孝衫子脱下来，把孝包头解下来，此为“脱孝”。出灵的人回来时，要在大门外要用酒漱漱口，用净水洗洗手，表示驱逐邪气，然后丧家设宴招待宾客。

七、异彩纷呈的岁时节日

吉林满族的岁时节日既保持了自己民族的特点，也受东北汉族影响，表现出突出的满汉融合特征。其主要节日有过年（春节）、元宵节、中和节、端午节、虫王节、颁金节等。

1. 过年

春节，满族人称“过年”，是满族民众最重视的节日。为过个好年，满族人家从腊月就开始“忙年”，主要包括杀猪、扫房、蒸年饽饽、贴春联和贴挂笺、除夕礼佛祭祖、接财神、踩岁、守岁、初一拜年等。

吉林的满族人家一进腊月就要“淘米”、磨面儿，蒸黏豆包，俗称“做年饽饽”，届时邻里姑娘、媳妇都要来帮忙包豆包，黏豆包要连续蒸数天，然后放到室外冻好，收在大缸里以备过年时食用。有的人家还要包上一缸冻饺子（即哎吉格饽），以备正月之需。满族人嗜黏食、喜冻食的饮食习俗在“忙年”中一展无遗。

为了新春祝吉，满族人家除夕之日家家要贴春联、贴挂笺。这是受汉族习俗影响的结果，但由于满族传统习俗贵白贱红，丧事用红，故满族的春联最初用白纸或白绢书写，如清代宫廷的春联就是写在白绢上的，外包蓝边，也有用蓝纸书写的。但在与汉族长期的交往中，吉林满族人家逐渐入乡随俗，也开始用红纸书写春联。

除夕晚饭前，家家户户要将水缸挑满，寓意财源茂盛。家主按顺序给供奉的各位神灵上香、叩头。然后长辈坐在炕上主位，子孙跪地磕头，给长者拜年，长辈受拜，再将事先准备好的“压岁”钱分给晚辈。孩子们到院子里燃放鞭炮后，开始吃团圆饭。这顿饭的主菜必有豆腐炖鱼，寓意连年有余、生活富足；压桌碟则要有大葱、芹菜、花生等菜品，希望孩子们聪明、勤劳，但绝不能有鸡、鸡蛋，以免来年拉饥荒、孩子们调皮捣蛋；团圆饭和年夜饭都不能吃蒜，以免在生活中斤斤计较。

吃罢晚饭，天黑后，各家都要在灯笼杆上挂上各式灯笼，男子到坟地去烧包袱，小辈女人开始到族中长者家中去拜年，特别是新媳妇，一定要由大伯嫂领着去族中长者家里逐一拜年。这时的新媳妇要梳旗头、穿旗装，进屋

贴挂笺

亦称“挂旗”，是最具满族特色的剪纸。“挂旗”寓意悬挂满族的“八旗”，人们根据自己在八旗中的旗属，分别将与所在旗颜色相同的各色剪纸贴在自家门楣、窗户和祖宗板之上。“福”字则贴在门、窗、箱、柜或墙壁之上，有的人家还故意把“福”字倒贴，以讨“福到”之吉。

挂笺

后先拜祖爷爷，然后按辈分依次拜长者，并逐一为其装烟。长者受礼后，多以戒指、耳环之类的小礼物作为回赠。此为辞旧之拜。

拜完年的妇女回家开始准备年夜饭。接近子时准备接神时，妇女们都要上炕，以免冲撞了神灵。男人们则洗手净面，在天地桌上焚香上供，燃放爆竹，望空叩拜，此谓“接财神”，希望财神到自己家来，带来吉祥与富足。孩子们从院里将一堆一堆的柴火抱入灶间，是谓“抱财”，也称“添财”。接完神男人开始煮饺子，煮好后，全家人为祖先上供烧香、叩头已毕，团团围坐在桌子旁，吃接神饺子。吃完饺子，孩子们拿着灯笼去玩了，男人们谈天说地，妇女们则又开始准备初一早晨的饺子了，彻夜不眠，为之“守岁”。

初一早晨吃完饺子后，人们又开始互相拜年，此为“迎新”之拜。

下午未末申初（三点左右），在阵阵鞭炮声中，人们又开始了初一的晚宴。这顿饭的餐桌上一定要有“燕子饽饽”和鸡，前者取生发之意，后者是因此日为“吉日”，所以一定要食鸡。过年期间满族人家的娱乐较多，姑娘、媳妇抓嘎拉哈、看牌；成年男子摔跤、搬棍儿；小伙子们骑马、射柳、角力；孩子们打尜儿、扔坑儿、踢熊头等等，玩得不亦乐乎。

2. 元宵节

即农历正月十五，是夕，家家悬灯，人人以观灯、吃元宵为乐。吉林满族的元宵节具有鲜明的民族色彩和地域特点。

扭秧歌

《柳边纪略》这样载：“上元夜，好事者辄扮秧歌。秧歌者，以童子扮三四妇女，又三四人扮参军，各持尺许两圆木，戛击相对舞，而扮一持伞灯的卖膏药者前导，傍以锣鼓和之，舞毕乃歌，歌毕

扭秧歌

更舞，达旦乃已。”

看冰灯

悬灯观灯是元宵节的传统习俗，但吉黑两省的满族民众，利用得天独厚的自然优势，用各种容器制成冰灯，冰灯的表面雕成各种人物、动物或其他造型，里面点蜡烛，一望之下，晶莹剔透，犹如走进了龙宫水域，非常新颖别致。时至今日，冰灯已成了东北冰雪旅游的一大亮点，可与吉林雾凇媲美。

请笊篱姑娘

上元日，满族年轻人将柳条编成的笊篱，用白纸包好，在纸上画上少女脸谱，涂上胭脂，系好彩绸，这就是所谓的“笊篱姑娘”。同时找一个十二三岁的小姑娘，将其打扮得花枝招展，用红巾蒙头，让其双手擎着笊篱姑娘，青少年和孩子就围绕笊篱姑娘边跳边唱《请笊篱姑娘歌》。一会儿扮笊篱姑娘的小女孩也跟着众人一跳起来，于是人们都兴奋地喊道：“姑姑来了！”人们便随着笊篱姑姑拍手尽欢而舞，尽兴方罢。这也就是满族的“笊篱姑姑舞”。

请笊篱姑娘歌

笊篱姑娘本姓白，
戴朵花，
背捆柴，
扭扭搭搭下山来。
你也拍，
我也拍，
拍着手儿跳起来！

验旱涝

就是制面灯“验月份”。十五日晚，农家用荞面制成代表十二个月的12

个小灯碗，在碗边上标明月份，在每个碗中放上一粒黄豆，然后放在锅里蒸，豆粒胀大则意味着所代表的那个月份涝，豆粒膨胀得小，则预示所代表的月份干旱，豆粒不大不小，则寓意所代表的月份风调雨顺。

打画墨儿

此日人们不分辈分、不拘性别，互相用锅底灰往脸上涂抹，谓之“打墨”，俗称“做吉祥”，据说被抹墨的人，在这一年中会无灾无病，万事如意。

走百病

《柳边纪略》载，正月“十六日，满洲妇女，群步平沙，曰‘走百病’，或联袂打滚，曰‘脱晦气’，入夜尤多”。

轱辘冰

傍晚，由青年媳妇带领，成伙结队到村头小河或井台等结冰处“滚冰”，又称“轱辘冰”。边滚边念：“轱辘轱辘冰，不腰痛，不腿痛；轱辘轱辘冰，身上轻一轻。”以期滚掉晦气，迎来吉祥。

3. 填仓节

也叫“添哈什”，吉林满族人家（正月）二十五日为“添哈什日”，也叫“填仓日”，“哈什”是满语（hasha），汉译为“仓房”“储藏室”。是日家家于庭院用灰撒圈，以为仓形，名曰“填仓”。祈求哈什神保佑“种好田，多打粮，车马运不尽，哈什日日有余粮”。

填仓

4. 六月六虫王节

因为农历六七月份易闹虫灾，传说六

月初是虫王放马的日子，所以满族把六月初定为虫王节，祈求不闹虫灾。早年虫王节由各村屯的屯长主持，按户摊份子钱买猪，各家打椁椤叶饼，到虫王庙给虫王爷上供；有的村还集资搭台唱戏，把虫王爷的牌位请来，供在舞台中央，祈求这样虫王就不会放虫子出来吃庄稼。今天，这种习俗在民间逐渐没有了，但是六月初六这天，东北满族家庭依然保持着包椁椤叶饼的习俗。

5. 颁金节

“颁金节”是满语“banjin inenggi”的汉语音译加意译，“banjin”汉译为“生”、“出生”、“创造”之意，音为“颁金”；“inenggi”汉译“节日”之意，因此“颁金节”是以满语命名的满族“诞生日”：后金天聪九年十月十三日（1635 年 11 月 22 日），皇太极下诏废止女真旧称，将族名正式改为“满洲”，标志着一个新的民族共同体的诞生。

这是现代满族为纪念自己民族的诞生而确定的节日。1989 年 10 月，在丹东“首届满族文化学术研讨会”上，经与会满族代表的协商，决定将每年农历十月十三日满族诞生日作为满族的民族节日，称“颁金节”，届时各地满族同胞欢聚一堂，共商满族文化与经济发展大业。

伊通满族自治县颁金节

第三章

底蕴深厚的民族文化

一、独步其时的“国语”

满语是清代的“国语”，在清代被作为官方语言通行于全国。清中后期以来，满语逐渐走向衰落。当代，尽管满语已经日益淡出满族人的现实生活，但是作为清代满族长期使用的语言文字，满语满文对东北、对吉林地方文化的形成与发展产生的影响是十分明显的。

1. 满语

满语属于阿尔泰语系满—通古斯语族满语支，是在女真语的基础之上演化而来，并且在其后来的发展过程中也受到了以蒙古语为主的北方语言的影响。但满语并非等同于女真语或者蒙古语。

自乾隆朝中后期东北解禁以后，有大批汉人涌向关外，自此东北地区操汉语成为大多数，出现了满语被汉语取代的趋势。民国期间伴随八旗官学的

金代女真人作为清代“满洲”可追溯的最近族源，其语言和文字与早期满语的发展具有较大关联。据有关研究，满语词汇中有70%左右与女真语相一致，剩下的词汇也与女真语或多或少有关联。由此可见，满语是以女真语为基础发展起来的。天聪九年(1635)皇太极改族名为“满洲”之后，满族的民族语言也随之被称为“满语”，亦称为“国语”、“清语”。

金代女真人

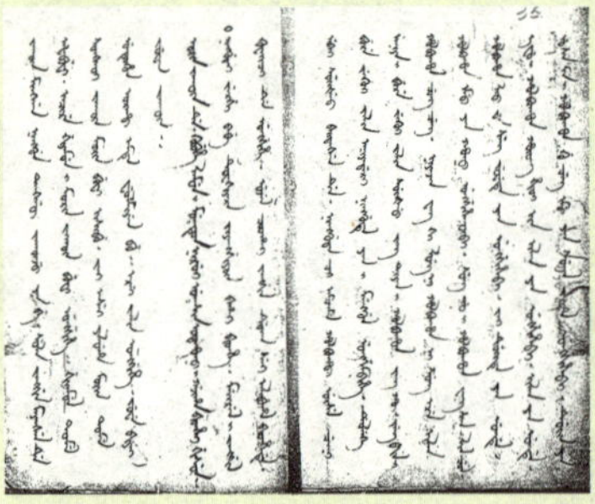

满文档案

郎世宁《射猎图》

停办，当前，满语已经成为“濒危”语言之一，会说一口流利的满语，且能用满语交流的人已少之又少。但是不可否认，在现代吉林方言中仍保留了不少满语词汇，如“哈拉巴”（肩胛骨）、“嘎拉哈”（动物关节骨）、“嘎肌窝”（腋窝）、“卡布裆”（裤裆）、“河楞”（液体渍迹）、“抹（ma）扫”（抚平）、“特勒”（邋遢）、“磕碜”（难看）等等，不胜枚举。可见，满语对吉林方言，对东北话影响之大。从中可以看出满汉文化交融的痕迹。

2. 满文

（1）女真文的创制

尽管满语源于女真语，但女真语原来也是有语言而无文字的语言体系。因此，完颜阿骨打建立大金国后，命完颜希尹创制本国文字。于是“希尹乃依仿汉人楷字，因契丹字制度，合本国语，制女真字”，并于金天

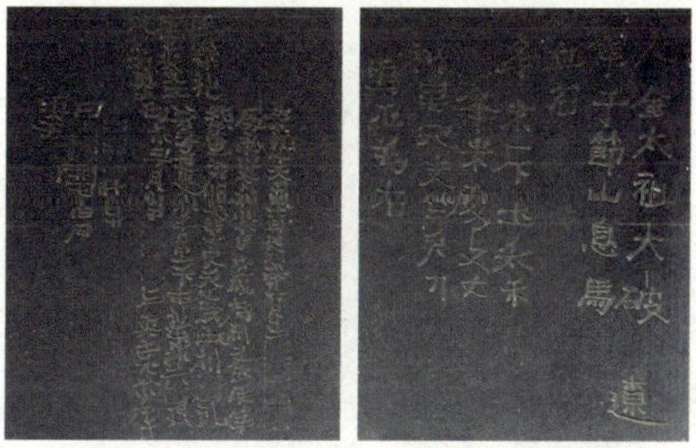

庆云女真摩崖石刻

完颜希尹

辅三年（1119）始颁行，史称女真大字。此外，金熙宗于天眷元年（1138）又颁行了由汉字和契丹字偏旁制成的女真小字，并于金皇统五年（1145）将女真小字与女真大字共同实用。后由于本身的局限及女真上层的垄断，女真文未能在更广大的地域内普及使用。到元代，真正会女真文的人已不多，到明中后期，女真文失传。

（2）满文的创制与使用

因此，当16世纪末建州女真部首领努尔哈赤统一女真各部后，命学士额尔德尼和噶盖二人以蒙古文字母为基础创制满文。最终大学士额尔德尼和噶盖仿照蒙古文字母，将其与满语语音特点相结合，始创制满文。与后来的有圈点满文相比，始创满文无圈点，因此称之为“老满文”或“无圈点满文”。老满文“十二字头，原无圈点，上下字不分，塔、达、特、德、札、哲、呀、耶无别。谕书之中，平常语言贯通之尚易通晓，偶遇人名、地名，则恐有误”。正因为如此，天聪六年（1632），皇太极下令达海对“老满文”进行改造。达海通过借用蒙古文，并在其旁另加“圈”或“点”的方式区别相近的语音，创制了“新满文”。与原先无圈点的老满文相对，也称其为“有圈点满文”。清代前期满文得到较广的推广及使用，大多用于发布诏、诰等，成为奏报、公文、教学、翻译和日常生活中经常使用的主要文字。自清中后期，汉文文书开始增多，满文逐渐衰落。

满文原档局部

二、瑰丽璀璨的文学艺术

从生动传奇的满族说部、古朴神秘的满族萨满乐舞，到独具韵味的八角鼓、新城戏，吉林满族文学艺术瑰丽璀璨，独具魅力。

1. 文学

吉林满族文学内容丰富，有诗词、散文、说部、神话传说、民间故事等多种形式。这些文学形式或口耳相传，或以文字记载的方式得以流传，生动地反映了吉林满族的精神世界、生活面貌、思想感情、审美及艺术情趣。

（1）诗词散文

清代以来，随着吉林八旗官、私学教育的建立和发展，以及来到东北的流人对东北文化教育的推动，产生了为数不少的吉林籍满族文人，他们创作的诗歌、散文作品，代表了吉林满族诗词散文的新成就。其中最有代表性的就是 “吉林三杰”之一的成多禄。成多禄擅长书法，且诗、词、文俱佳。其诗词内容大都以反映爱国情怀、山水纪游为主，代表性诗文集为《澹堪诗草》，收其诗作近300首。成多禄的诗词作品流传范围较广。随着其仕宦生涯的流动，其诗词、文稿遍及东北三省、北京及江南各地，因而产生了较大影响。

（2）说部

民间说部源于古代讲古（满语叫作“乌尔奔”，有传说或故事之意）习俗，属长篇散文体叙事文学。其产生与流传俱在民间，每部书都可独立进行讲述，故称之为说部。一般都是以本民族历史上发生过的传奇性故事或经历为主题独立成篇。大都是由部落酋长、萨满及部族中老人来口传历史，以说书的形式来教育子孙、追念先祖并增强凝聚力。它具有集娱乐性和教育性为一体的特点，起到英雄主义教育、民族教育与历史教育的作用。目前，发掘整理的长篇说部作品已达到16部约450万字，主要代表作有《东海窝集部传奇》（15万字）、《红罗女传奇》（20万字）、《漠北精英传》（又名《两世罕王传》60万字）、《萨大人传》（30万字）、《老将军八十一件事》（又名《萨布素将军传》30万字）等。

满族说部

满族说部《萨大人传》书影

（3）神话传说

吉林是满族的发祥地，满族的宇宙万物起源神话，始祖、英雄传说，历史、风俗传说等，在吉林地区流传广泛。其中占多数的是创世起源、始祖族源神话及满族历代首领、英雄人物丰功伟绩的传说。如《天神阿布凯恩都哩》《三仙女》《布库里雍顺》等。这些神话传说具有明显的民族性、集体性和口头性特点，从另一方面反映了满族崛起时的精神状态、生存状态、文化习俗和心理活动等。满族先民凭其无尽的创造力和想象力，讲出自己的祖先、部落、英雄人物及风俗、风土人情，不仅表达出了对民族的热爱，同时也通过或口耳相传或用文字传承等的方法，使其得以一代一代的延续，直至今日。这些神话传说，如《阿骨打传说》《红罗女传说》《三仙女沐浴传说》《努尔哈赤传说》《爱新觉罗祖先的起源》等，为满族人所深知，其中大多数传说在流传过程中还演变出了不同版本。以《红罗女传说》为例，就有4种版本。为我们所熟知的满族始祖起源传说的——《三仙女沐浴传说》也有3种不同版本。

（4）民间故事

据不完全统计，已收集到的东北地区满族民间故事将近万则，可见东北满族民间故事数量之丰富。这些民间故事融知识性、趣味性、可读性为一体，形式多样、寓意深远、语言生动、情趣各异。这些故事一般篇幅不长，大都以诙谐逗乐而结局，生动地表达出了满族人民在各个时期的历史及社会生活面貌，是不同时期满族民间教育的有效传达方式。吉林满族民间故事也有这样的特点。如《梅花鹿》《珠浑哈达的故事》《扇子参》《泼雪泉》《女真定水》等，这些民间故事清代以来，广泛流传于吉林满族民间，世代传承，生动表达了吉林满族在不同时期的社会生活面貌。其中《扇子参》等故事，以人与自然的关系及人在自然中的地位为题材，展现出了美人之美、美美与共的特点。此外，也出现了像傅英仁这样的满族故事家。目前已出版的相关著作有《满族神话故事》《傅英仁满族故事集》等。

泼雪泉

2. 艺术

（1）民间音乐

现吉林地区能搜集到的满族民间音乐多为萨满教音乐以及在一些较为闭塞的满族聚居地区还有遗存的民歌、民谣。

萨满音乐

是在满族萨满教祭祀中，为辅助萨满祭祀营造氛围而形成的一套由击鼓、甩腰铃伴奏，并结合神歌唱诵而形成的有韵律的音乐表演。萨满音乐作为满族民间音乐的载体，有“请神调”“送神调”“背灯调”等多种各有特色的曲目，其内容多为歌颂或祈请神灵。而且每个不同姓氏家族的神歌又各有自己的神词、鼓点和神调韵律。在祭祀中，萨满要边甩腰铃边打鼓，同时，还要摹仿着降临神灵的动作边歌边舞，其鼓点和神歌的韵律相配合，营造出萨满祭祀的神秘而敬畏的氛围，从而形成神秘而独具魅力的满族萨满音乐。在吉林地区的满族萨满音乐中，石姓、杨姓、关姓等家族萨满音乐都各具特色，展现了萨满音乐的独特魅力。但在满语濒危的情况下，纯粹使用满语诵唱的萨

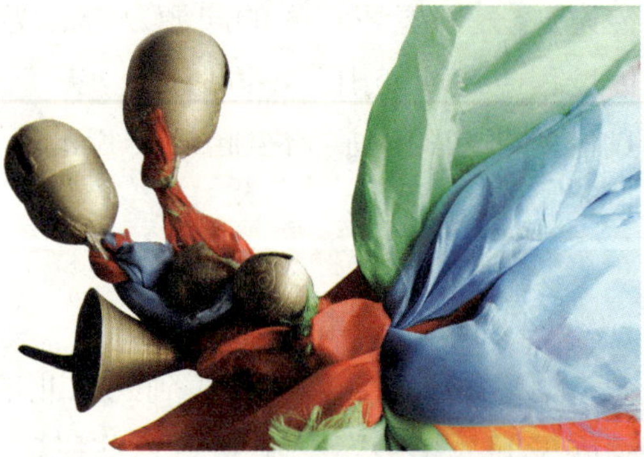

满族萨满用器

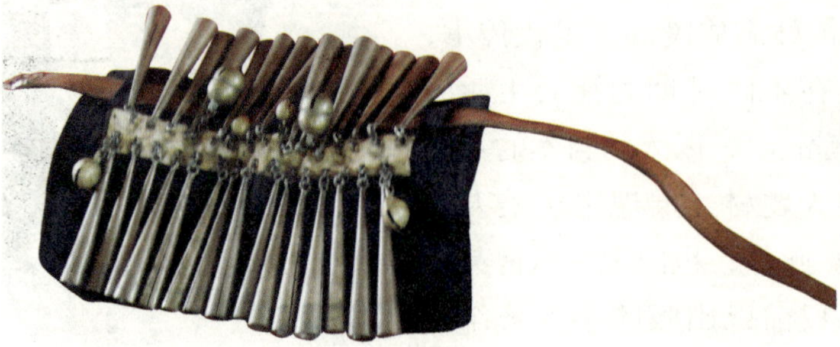

西沙（摇铃）

抓鼓

满神歌已基本失传。

民歌民谣

吉林满族民歌按其内容可分为时政歌、生活歌、劳动歌、仪式歌及儿歌等类型。多以独具满族特色的渔猎、放牧劳作、八旗出征及思念亲人等题材为内容。按歌唱方式又可分为号子、山歌及小唱。也可根据不同目的划分为婚礼歌、情歌、祝寿歌、山歌、战歌、风俗歌、讽喻歌、祭祀歌及摇篮曲等种类。有单用满语唱的，亦有满汉语兼用的，后者在数量上要多于前者。总的来说，其中包含了民俗、尚武、生计、爱情、育儿、娱乐等广泛的内容，深受满族民众所喜爱。

时政歌，如《兵丁就像高粱楂》，所反映了人民对正义战争的热情歌颂和胜利凯旋后的喜悦心情。情歌、山歌、叙事歌及各种小调则都属于生活歌的

南海渔民号子

东南风唻（哎哟），西北浪唻（哎哟），出南海（今日本海）呀（哎哟），过山冈呀（哎哟）；

红顶子呀（哎哟），豹子眼呀（哎哟），白汗褶呀（哎哟），大布衫呀（哎哟）；

扯起蓬唻（哎哟）， 抡起桨唻（哎哟），肩靠肩呀（哎哟），膀靠膀呀（哎哟）；

获丰收唻（哎哟），祭祖天呀（哎哟），吉祥如意（哎哟），太平年呀（哎哟）；

东道起来（哎哟），西道住呀（哎哟），海参崴呀（哎哟），撒大网呀（哎哟）；

打海鱼呀（哎哟），大马哈呀（哎哟），权海参呀（哎哟），拧还带呀（哎哟）；

鹰嘴靰鞡（哎哟），脚上拴呀（哎哟），翻山越岭（哎哟），把家还呀（哎哟）。

（说唱人：珲春满族人郎景义）

范畴，如《盼哥》表达了满族青年男女的爱情，《夸山调》《爬山调》等则即兴编唱、节奏自由，生活气息浓郁。而劳动歌则反映了满族不同时期的经济生活，如《狩猎歌》《拉网调》反映了渔猎生产，《打水号子》则反映了农业生活。此外，还有儿童玩耍的“游戏歌”和哄孩子睡觉的“摇篮曲”以及在举行各种仪式时唱的仪式歌，如拜天歌、送葬歌、祝寿歌、接婴歌、上梁歌、扫房歌等。

（2）民间舞蹈

吉林满族民间舞蹈既体现了民族特色，又具有地域特点，内容丰富、形式多样，主要有灯官舞、莽式舞、秧歌舞、腰铃舞、五魁舞、铜镜舞、单鼓舞、大王魁舞和萨满舞等。

莽式舞

是最为流行的民间自娱性舞蹈，分男莽式和女莽式，一般为成双对舞。跳莽式必以击堂鼓歌唱伴奏，一人领唱，众人以“空齐”之声相和击掌来加强节奏，因此也称之为“莽式空齐舞”。莽式舞多跳于新年等喜庆的日子。经典舞蹈动作为一袖在额前，反一袖在背，动作粗犷有力，动作幅度较大，多为骑士步。后来“男莽式”逐渐用于清廷太庙祭典仪式中。

满族萨满舞蹈

秧歌舞

是常见的满族民间舞蹈之一，属于娱乐性的化妆歌舞表演，在吉林满族民间广为流行。吉林地区民间秧歌舞由秧歌、龙灯、旱船、扑蝴蝶、二人摔跤、打花棍、高跷等形式组成，多在一起配合演出。

满族秧歌

新中国成立之前，农村秧歌形式为又扭又唱，因此又叫唱秧歌；也有游屯串村形式的秧歌，叫作“跑秧歌”。新中国成立之后，满族秧歌经过一系列改革，淘汰了“傻公子”“老坐子”等形式，加入了青蛇、白蛇、猪八戒、孙悟空等故事人物，且只扭不唱。同时，女性也开始参与其中。

现吉林境内大大小小秧歌队数量很多，但是已没有固定的人员构成，主要是看兴趣和时间来组成团队进行表演，强身健体或自娱自乐。其中较有影响的主要有早期的伊通满族歌舞团、叶赫镇大秧歌队以及现在还很活跃的乌拉街满族秧歌队。

萨满舞

萨满舞俗称“跳神”，是萨满在祭祀、请神、治病等活动中的舞蹈表演，是表现万物有灵宗教观念的原始舞蹈。表演萨满舞时，萨满腰系长腰铃，手持抓鼓，在击鼓和甩铃声中，延请各路神灵。请来神灵（俗称“神附体”）后，即模拟所请之神的特征作各种神灵的舞蹈表演。如请来“鹰神”，要模拟鹰飞

满族萨满

舞，啄食神桌上的供品；请来“虎神”，则蹿跳、扑抓，并和在场者交流；或者在黑暗神秘的气氛中舞耍点燃的香火，表示已请来“金花火神”。

目前在吉林地区萨满舞表演仍有遗存，主要分布在九台和乌拉街等地方，但对此熟知者已少之又少。

（3）戏曲

八角鼓与满族新城戏

八角鼓原先是满族人民在行围射猎的闲暇之余所进行的民间艺术，大约在清朝乾隆年间，逐渐发展为一种曲艺形式。“八角鼓”分为独唱、群唱及拆唱等表演形式。后发展分为二种：其一为“坐唱”，演变为“单弦”；另一种是“扶余八角鼓”，后演变为“八角鼓戏”。有清一代，扶余在东北的地位颇高，文化各方面都比较发达，清末及整个民国时期，八角鼓曲艺曾在扶余很是流行，其境内演唱八角鼓蔚然成风。新中国成立前夕，八角鼓逐渐趋于消沉。新中国成立后，音乐工作者徐达音等按老艺人程殿选口授，记录、整理了40个曲目和27个曲牌。1959年，成立了扶余县新剧种实验剧团，编演实验剧目《箭帕缘》。因《箭帕缘》首演取得成功，于是1960年新剧种被正式命名为“新城戏”，实验剧团也改为新城戏剧团。后经过文艺工作者多年的探索和实践，将八角鼓曲牌转变为板式变化体与曲牌联套体相结合的剧种，也就是今天的“新城戏”。

新城戏在20世纪50年代末60年代初在扶余一带兴起后，成为吉林满族特色曲种。因扶余在清代是新城府治所，因而取名新城戏。新城戏唱腔在“八角鼓”基础上，大量吸收了满族民间音调、清代宫廷音乐以及宗教音乐，既有别于评剧，又有别于为大众所熟知的东北二人转，地方和民族色彩浓郁。代表性剧目有《红罗女》《萨丽玛》《绣花女》等。至1966年，新

《红罗女》

城戏剧团编创了20多个剧目，曾先后到白城、长春、四平等地巡演。后扶余县新城戏剧团又更名为松原市满族新城戏剧团，现为此剧种最为专业的剧团。此外，扶余还有一些业余剧团或文艺宣传队也演出小型的新城戏。

朱春

“朱春”为满语，有戏剧之意，是满族传统的用歌舞表演故事的民间戏曲，始于金代，入关前后始定型。满族的“朱春”融汇了民歌、说唱、倒喇(歌舞演唱)及“百戏”、散曲等精华为一体 。其语言多用满语，表演形式有“大戏”“小戏”两种；角色有生、旦、净、丑之分，但不是很严格；表演者一般都是男性，女角色亦由男性扮演。“朱春”唱词主要讲究押头韵，运用“满族曲韵”，有自己独特的曲调。剧中出现的兽类及鬼怪需带假面具。其主要剧目有《呼都鲁达汗》《奥尔厚达喇》（满剧）及《穆桂英大破天门阵》等。

子弟书

子弟书是清初旗籍子弟在戍边时，将当地的俗曲和萨满教的神歌“单鼓词”“诵鼓词”等曲调与讲故事相结合，创造出来的一种曲艺形式，旗籍子弟以此来抒发思乡之情或反映军中时事。最初的子弟书词本是左起右行的满汉合璧本，后演变为以汉文为主，掺杂满文字句的形式，最后则演变为全部用汉文。子弟书传世作品很多，取材范围也极为广泛，后主要流行于北京地区。

（4）乐器

满族常见乐器有节、卡了器、八角鼓、依姆钦、同肯、西沙、轰勿（晃铃）、哈尔马力（神刀）、托力、激达等。

萨满鼓

又称神鼓、抓鼓、手鼓、单环鼓，是满族萨满祭祀中使用的槌击膜鸣乐器。蒙古、达斡尔、鄂温克、鄂伦春、赫哲等族也普遍使用，广泛流行于内蒙古、黑龙江、吉林、辽宁、河北等省区。萨满鼓外形呈圆盘状，鼓框用硬木板条制作，蒙以牛皮、马皮、驴皮或羊皮，鼓背中部设一直径约6厘米的铁环，用皮绳将其与鼓框连固为一体，皮绳间缚以铁丝，上串铜钱十余枚。

演奏时，摇动鼓身，铜钱叮当作响。萨满鼓有大小两种规格，吉林满族萨满祭祀多用小鼓（关于满族萨满乐器详见第四章“萨满神器”）。

八角鼓

八角鼓是满族的一种拍击膜鸣乐器，八角鼓戏曲表演中使用，其鼓体扁小，鼓面呈八角形，代表满洲八旗，“八角鼓”亦因此而得名。八角鼓鼓框用八块乌木、紫檀木、红木、花梨木和骨片拼粘而成，上蒙蟒皮。鼓的七边木框上各开一孔，每孔间装有两个很小的钹形铜片，其余一边的木框上装有一个小铜环，下系两根穗子，清代按旗属系各颜色的流苏穗。现八角鼓多已演变为系鹅黄色或大红色丝绳花结，下垂两束丝制鹅黄色或大红色长穗子，代替了原来的单色穗子。以此表示谷生两穗，寓意五谷丰登。

卡了器

卡了器（亦称嚓拉器）为满族撞击乐器的一种，汉译“拍板”。以其“互拍而击”的演奏方式而名之，也叫“扎板”。卡了器多为木制结构，满族萨满经常使用，民间歌舞伴奏也多有使用。往往不同地区使用的卡了器的板片多寡不一，各片上端开有两个小孔，用皮绳相联结，下端可自由开合。演奏时把手插进可自由开合的板片中互相撞击发声。

卡了器

（5）刺绣

满族民间刺绣，俗称“针绣”“扎花”“绣花”，是满族妇女传统手工艺之一，是旧时满族妇女从小就要学习和掌握的一种技艺。通常是以家织布为底衬，用一根细小的钢针将红、黄、蓝、白为主调的各种彩色丝线参照图案上下穿刺，织绣出各种纹样。绣品包括服饰（围肩、袖头、衣襟、鞋帮、肚兜等）、日常用品（枕套、幔帐、门帘、手帕、香荷包等）、喜庆节令用品等。绣品图案有花鸟、人物故事、词语诗篇、山水屋舍、家畜水族、吉祥纹样、几何图案等等。绣品题材广泛，造

满族刺绣

型夸张，色彩艳丽，寓意深刻，充分反映出满族人民对大自然的热爱、对美好生活的向往及厚重的文化内涵，具有很浓的民族特色及地域特色。吉林满族刺绣充分体现了满族刺绣的特点，尤其枕头顶刺绣最具代表性。吉林满族枕头顶刺绣存世数量众多、品类丰富、绣工精美、针法复杂、取材广泛，具有浓郁的地方乡土文化气息和欣赏收藏价值。

（6）剪纸

满族剪纸最初用于宗教仪式，后渐用于装饰艺术。用于宗教仪式中的满族剪纸叫作挂笺，多在纸张里面镂刻云纹字画，中间再刻一些“丰”“寿”“吉祥”等的大字，下端剪成犬牙穗头。现满族剪纸多用于窗花等装饰艺术中，一般是用各种彩色的纸剪出英雄人物、各式花鸟鱼虫及一些吉祥的字、画，贴在窗上，细腻朴实，表现出满族人民朴实的情感和生活气息，具有强烈的民族特色。吉林满族剪纸还有一些表现了长白山区的自然风貌、生产习俗、节令习俗、婚丧习俗及民间传说等。如《敬烟》《摇篮儿》《人参姑娘》《白山狩猎》《姐妹易容》等剪纸作品，都反映了满族人朴素善良、耿直纯真的道德风貌，地域文化特色鲜明。

三、充满趣味的体育游艺

在长期的社会生活实践中，满族创造出了很多民族特有的、好玩的体育游艺活动。

1. 传统游艺

传统的满族游艺活动有“打瓦”“扔坑”“翻绳”“跳格”“抓嘎拉哈”“跳

马城”“老鹞叼小鸡”等等。这些游戏多受儿童的喜爱，曾广泛流行于吉林满族地区，有的保留至今。择其要者介绍如下：

满族游戏

打瓦

打瓦是满族较传统的游戏之一。“瓦”也叫“瓦母”，实际为稍平整、不太规则，或方或圆的硬石片，只要有一边稍平齐可立置（或稍围土）于平地即可，游戏时将“瓦片”立起来。打瓦的场地要稍平整宽大，一般在较宽敞的门前或打麦场上进行。在相距约 4 米的地方画道直线，游戏时每人将“瓦片”放置头顶，从直线处走到立瓦的地方，低头让瓦片掉下来将地上的瓦片弄倒为止。

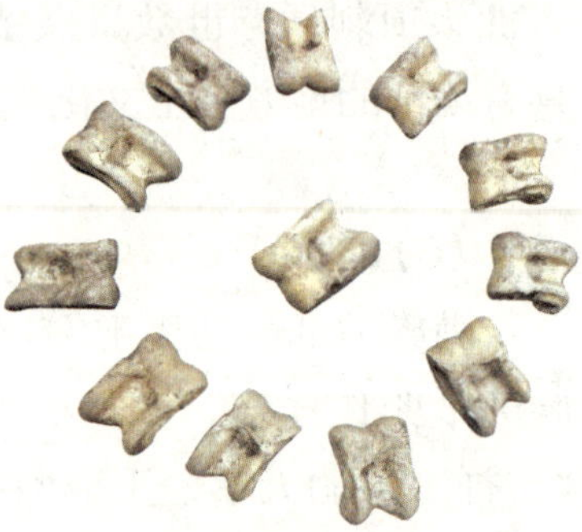
嘎拉哈

欻嘎拉哈

欻嘎拉哈亦称“支嘎拉哈”或“抓嘎拉哈”。“嘎拉哈”是满语，指兽类或畜类后腿膝盖部位关节上的一块小骨头，四面呈不同形状。游戏方法为：抛布袋的同时抓起两个或两个以上形状（向上）相同的“嘎拉哈”再接住口袋，根据抓起的嘎拉哈形状的不同，所得分数也不同；然后再抛起布袋，将嘎拉哈放下，同时碰地上原有的嘎拉哈，使它们的位置和形状发生变化，以便更容易寻找下次抓的对象。欻嘎拉哈时，若碰动不需要抓的即为输，抓起嘎拉哈没接到布袋也算输。

老鹞叼小鸡

老鹞叼小鸡是满族儿童游戏的一种。参加游戏的儿童，一人扮作“老鹞”，一人扮作“母鸡”（也叫“老抱子”或“鸡妈妈”），其余的扮作“小鸡”排成一队，扯着前面人的后衣襟躲在“母鸡”后面。“老鹞”左右捕捉由“母鸡”保护的“小鸡”。“老鹞”每抓到一个“小鸡”，便让其背着走一段，然后“吃掉”，被吃掉的“小鸡”就不能再参加了，只能在旁边观看。“老鹞”要通过各种办法依次抓扑，直至叼完为止。让“小鸡”链断开，离开“母鸡”保护也算为被叼。

2. 传统体育

吉林民间流传的满族传统的体育竞技活动有“拽包”“赛威呼”“耍石锁”“冰氽”等多种多样。随着满族人传统经济、文化衰落，一些体育竞技项目也逐渐地退出了历史舞台。

赛威呼

赛威呼是满族古老的民间体育活动之一。“威呼”为满语，有“独木船”之意，为满族水上交通运输工具，后出现陆地赛威呼的形式。一般以五人为一队，其中前四人面背朝起点，第五人则相反；前四人一起握两根木杆，第五个人独自握一根象征舵的木棍。比赛开始时，各队一起朝终点正向或反向跑，先到达终点的队伍为胜。

清人《塞宴四事图》横幅局部

珍珠球

珍珠球原名采珍珠，满语“尼楚赫”，又称“踢核”或“采核”，来源于生产劳动——采珍珠，是满族具有劳动性兼游艺性的传统体育项目。珍珠球一般分为水区、限制区、封锁区和得分区，双方队员各有6、7名。竞赛方法为：双方对垒，每队出6名运动员，其中1名队员要站在一端准备持网捕捞；3名队员手拿蚌形木拍站在对方捕珠者前面拦截珍珠；其他3名队员下“水”与对方队员争夺珍珠。“采珠人”夺到珍珠后要投向自己队的捕捞网内；而对方的“采珠人”则要设法用蚌形木拍将投来的珍珠拦截回去，只有躲过对方蚌形拍的拦截，把珍珠投入自己队的持网人捕捞网内才算为得分，一次即得一分，投入十分为一局，一般以三局决定胜负。

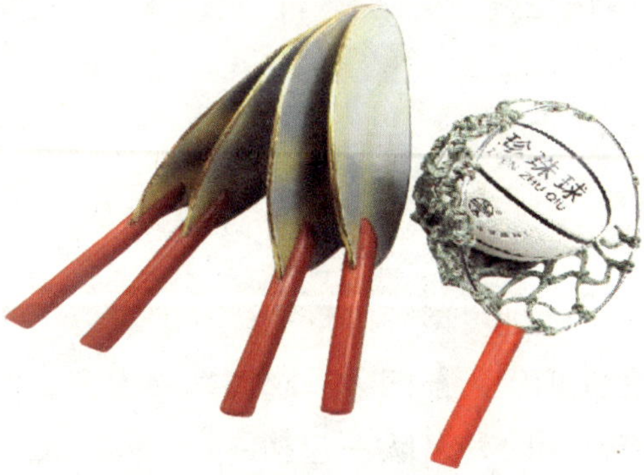

珍珠球

狩猎比赛

狩猎比赛是满族的一项传统的体育活动。早先为“猎手”双方将“猎物”（如虎、熊、狼、豹等布制模型）投入对方背篓中，后逐渐演变为竞技项目。狩猎比赛一般都在方形场地进行，双方队员各有3名，都背有背篓。比赛时双方队员分别站在场地的中线两端，一方队员要通过传递等方法将“猎物”投入到对方队员背篓中；另一方队员则躲避或用手去挡住，但不可将“猎物”握于手中或是抛出去。投中对方队员背篓中即可得分，在指定的时间（各个时期规定时间都有不同）内累计得分多者为胜。

四、世代传承的民族医药

满族早期以萨满教为民族信仰。在原始萨满教的影响下，早期满族人希冀凭借超自然力摆脱疾病，祈求安康，形成了具有一定“巫”文化色彩的医术。这些与长期生产生活中的医学实践相结合，从而形成了满族的传统民族医药。它是满族传统文化的重要组成部分。

1. 满族医药

满族传统医药是满族传统文化的重要组成部分，是珍贵的满族非物质文化遗产。满族医药文化是指满族民众创造的与医药相关的物质文化、精神文化、组织制度文化的总称，它是在浓郁的神秘色彩中产生的。满族早期以信奉萨满教为主，原始的萨满教影响了满族人的文化结构，包括对天文、地理、历史、医药的认识。在人们对科学认识不发达的相当一段时期，萨满的最主要职责就是祛邪除病。原始萨满教的产生即是原始人类希冀凭借超自然力摆脱疾病，祈求安康、吉祥的尝试，人们借此表达的最大心愿便是无病无灾。在没有医药的条件下，满族先民只能靠崇信萨满教来解脱疾病。

此外，满族先民自古便采集和使用当地植物、动物和矿物为药。从文献中可见，满族先民在汉代以前就使用草药，并能辨别一些有毒草木，如蛤蟆酥、狼毒、乌头等等。清朝入关后，通过对汉族医药、蒙医药、回医药、西方医药加以吸收和借鉴，满族医药学发展迅速。

今天，满族医药对医学的发展依然具有重要意义。从我们目前收集到的满族常用药物中，最具现实临床应用价值的多达180余种，其中可分为植物药、动物药和矿物药三大类。从民间传承的医疗方法有内科、外科、儿科、妇科、耳

吉林市非遗项目“杨氏膏药”

鼻喉科等数十种疗法。所有这些，都极大丰富了我国的中医药学，成为具有民族特色的医药文化遗产，是可供我们加以利用的宝贵资源。

2. 伊通满族自治县民族医院

伊通满族自治县民族医院的前身是伊通满族自治县中医院，始建于1984年，坐落于伊通镇人民大路1337号，是集医疗、科研、教学、预防、保健为一体的二级甲等医院，是县委县政府确定的重点发展医院。承担全县48万人口和毗邻7个市县近20万人口的医疗保健任务。是我国唯一一所从事满族医药研发的医疗与科研单位。

医院的服务质量、医疗技术水平在全县同行业中占领先地位，在省内同行中也脱颖而出，不但成为全县卫生系统的先进单位，还一跃跨入省内先进单位行列，成为省级精神文明单位。2004年9月，医院更名为伊通满族自治县民族医院。

医院拥有一个满族医药研究所，致力于传统民族医学研究。近年来，民

伊通满族自治县民族医院

族医院一直坚持致力于研究、收集、整理、挖掘民族医药工作，特别是对满医药的研发工作，部分课题初见成效。其中满药“腰突胶囊”获得四平市科技二等奖。2006年5月，民族医院被省中医药管理局确定为吉林省唯一一家满医药研发课题单位。

五、历久弥真的非物质文化遗产

从文学艺术、游艺体育，到满族医药，吉林省满族文化底蕴深厚，许多满族传统文化都是优秀的民族文化创造，已经成为珍贵的民族文化遗产。在吉林省的非物质文化遗产保护工作中，有些珍贵的满族文化遗产已经被列为保护项目，其中有些已经名列国家级非物质文化遗产保护项目名录，得到重视与保护。

1. 非物质文化遗产项目

2006年以来，吉林省先后公布三批省级非物质文化遗产保护名录。在已公布的293项省级非物质文化遗产中，满族文化遗产占35项；在吉林省被列入国家级非物质文化遗产名录的37项文化遗产中，满族文化遗产占4项，分别是：满族说部、长白山满族剪纸、满族珍珠球、乌拉陈汉军旗单鼓舞。其中长白山满族剪纸于2009年被并入“中国剪纸”项目，入选“人类（世界级）非物质文化遗产代表作名录”。

（1）满族说部

2006年入选第一批国家级非物质文化遗产名录。

满族说部的艺术形式前面已作介绍，兹不赘述。它被称为北方民族的百科全书，是满族及其先民的历史记忆。说部中提及的历史内容有的鲜为人知，弥补了我国北方历史文献记载之不足，是民族史、疆域史、民族关系史以及人类学、社会学和民俗学研究的珍贵资料。经过了千百年的民间创作和口述传承，说部已经形成了自己独特的表现形式，并经过一代代的口耳传承，充分展示出吉林和东北文化的原生态和地域性特色。

（2）长白山满族剪纸

2008年入选“第二批国家级非物质文化遗产扩展项目名录”，并于2009年被并入“中国剪纸”项目，入选“人类（世界级）非物质文化遗产代表作名录”。

倪友芝剪纸 嬷嬷人

关于满族剪纸的艺术特点（本章第二节）已作介绍，兹不赘述。就长白山满族剪纸来说，它是满族剪纸艺术的重要组成部分。其发展历史悠久，可追溯到明代女真兴起之时。其多起源于满族萨满祭祀活动。在萨满祭祀过程中，产生了为祭祀服务的剪纸——嬷嬷神剪纸、佛托剪纸、白挂签剪纸等，从而形成了表现萨满崇尚、满族信仰的长白山满族剪纸。长白山满族剪纸题材、造型、剪技、材料独特，有自己的鲜明特点。如今，这项珍贵技艺入选“人类（世界级）非物质文化遗产代表作名录”，充分体现了其文化艺术价值。

（3）满族珍珠球

2008年入选“第二批国家级非物质文化遗产名录”。

关于满族珍珠球的情况（本章第四节）已作介绍，兹不赘述。作为满族人历经300多年传承下来的竞技活动，其中蕴含着珍贵的文化价值，具有不可替代的民族学、民俗学意义。

（4）乌拉陈汉军旗单鼓舞

2011年被列入国务院公布的“第三批国家级非物质文化遗产名录”。

吉林乌拉陈汉军单鼓舞蹈，是乌拉陈汉军常氏、张氏家族在家族祭祀，即“烧香”活动中所表演的单鼓与腰铃舞。主要包括单鼓舞与腰铃舞两部分。

乌拉陈汉军“烧香”活动是清代以来传入东北的汉族太平鼓与满族萨满祭祀相结合的产物。其表现在形式上宛如满族萨满祭祀，祭祀人员穿神服，戴神帽，扎腰铃，敲神鼓，唱神歌。只不过所穿戴的神服和戴神帽形制与满族萨满祭祀略有不同；神鼓不是抓鼓，而是单鼓；祭祀的神灵都是汉族民间道教信仰的神祇；神歌完全用汉语咏唱；唱的内容也都是民间流行的中国传统汉族文化曲目。乌拉陈汉军单鼓舞花样繁多、技巧丰富、节奏鲜明、舞步变化多样，鲜明的节奏，配以明快的鼓点，技巧丰富的鼓技，变幻的舞姿，连续变化的舞步。乌拉陈汉军单鼓舞是纯粹的原生态舞蹈，文化艺术价值不言而喻。

乌拉陈汉军旗单鼓

（5）其他非物质文化遗产

除上述4项国家级非物质文化遗产，2006年以来，在已公布的293项吉林省级非物质文化遗产中，还有长白山满族枕头顶刺绣、满族旗袍制作技艺、乌拉满族秧歌（鞑子秧歌）、满族欻嘎拉哈等35项满族文化遗产名列其中。长白山满族枕头顶刺绣是满族民间刺绣的重要部分，品类繁多、针法多样，并且绣工精道、流传普遍，在学习汉文化的基础上形成了自己的地方特色与民族风格，形成了光彩夺目的枕头顶刺绣艺术，与中原其他民族的同类绣品相比毫不逊色。此外，吉林省级满族非物质文化遗产也都各具地域特色。

枕头顶

2. 满族博物馆

当前满族文化处于濒危状况，为了实现对满族文化的保护，除了大力推动非物质文化遗产项目的申报，吉林省内一些满族聚居区政府以及一些高校和相关部门还建立了一批满族博物馆，对满族文化的保护、弘扬与传承发挥了重要作用。

（1）伊通满族博物馆

是目前吉林省规模最大、藏品最多、展示手段最先进的满族博物馆。其前身是1987年建立的“伊通满族民俗馆”；2001年，移地建设，改称伊通满族自治县博物馆；2012年，又重新布展。目前，全馆展览面积为3 470平方米，设有7个基本陈列展厅，已成为集收藏、展览、研究、公共教育、文化交流于一体，以满族历史和民俗传世文物为主要展览内容的综合性博物馆。展览内容分别为：源流、政治、经济、文化、风俗、信仰和古今伊通7个方面，共展示满族传世文物800个种类，3 000余件展品、近1 000张图片及21处模型景观。

博物馆发挥了多重功能，被中国民族博物馆确定为“中国民族博物馆·伊通满族分馆”，被国家民委确定为民族团结进步教育基地，为满族文化保护与传承发挥了重要作用。

伊通满族博物馆

（2）长白山满族文化博物馆

是全国首家以长白山满族文化为主题的专题博物馆。2008年10月建成，占地面积1.17万平方米，建筑面积5 818平方米。内设11个展区，分为中华名岳长白山、长白山满族神山崇拜、长白山满族历史源流、长白山满族生产习俗、长白山满族生活习俗、长白山满族文化艺术等6个主题展区，以及与长白山满族文化密切相关的长白山松花石与松花砚、长白山特种物产标本、长白山人参、白山精品、长白山美术等5个专题展区。既展示满族生产生活习俗，又突出长白山的地域特色。文史资料翔实、文物藏品丰富，整体建筑风格充分体现出满族粗犷、豪放的民族风情，真实再现了长白山先民的聪明才智和灿烂悠久的满族文化，展示了长白山雄浑、博大的文化底蕴。它的建成标志着长白山文化研究步入新阶段，将对长白山文化定位、长白山旅游及城市文化功能完善起到重要作用。

长白山满族文化博物馆

（3）吉林市满族博物馆

成立于2009年，占地面积2 700平方米，建筑面积1 800平方米，位于吉林市“省级文物保护单位”王百川居宅旧址内（吉林市船营区德胜路47号）。该居宅是吉林省乃至东北地区目前保存最好的具有清代建筑特色的满汉融合的民宅建筑，1932年建，为二进院落，共有房屋23间，采南北中轴线布

王百川居宅旧址

吉林市满族博物馆

局，组成当年也是以后吉林地区规模最大的四合院建筑群。新中国成立以后，被列为市级和省级重点文物保护单位。

展览分为静态展示和活态表演两个部分。静态展示以大量珍贵的实物、照片、图表和影像资料为主，主要以“吉林满族陈列”为主题，设立了满根溯源、满族生产生活习俗、龙兴之地、康熙大帝视察吉林水师、吉林打牲乌拉旧影、艺华体萃、吉林乌拉萨满文化、锡克特里氏萨满祭祀神堂8个展厅。共展出文物1 000余件，其中珍贵文物30余件，突出了地域性、民族性。活态表演主要通过被誉为世界萨满文化研究“活化石”的满族锡克特里哈拉祭祀表演，向观众展示了神秘、古老的满族萨满祭祀这一非物质文化遗存。

此外，该馆还介绍了吉林市作为清朝皇室的祭祖圣地、统治东北的重镇，在此设置打牲乌拉总管衙门，建厂造船，组建内河水师，设立八旗演武厅，修建吉林城，置将军，设省会，敕建小白山望祭殿等真实历史，展示了清代以来吉林地区满族的文化状况。

（4）吉林师范大学满族民俗馆

建立于2001年，展馆面积300余平方米，现有民俗文物200余件，涉及满族生产生活、衣食住行、文化娱乐等方方面面。主要有：关于满族及其先

吉林师范大学满族民俗馆

民生产生活的渔猎用具弓、箭、马具等，展现农耕习俗的各种生产工具镰刀、二齿钩、三齿叉、墨斗等，反映满族家居生活的四合院、筒子房、万字炕模型，在清代具有“国服”地位的旗袍和其他服饰、佩饰，丰富多彩的满族饮食，具有浓郁东北地方特色的狗拉爬犁模型、东北三宝——人参、貂皮、乌拉草，神秘的满族祭祀法器——萨满神服、神帽、神鼓和腰铃，以及威武雄壮的八旗士兵的复原模型等。该馆是学校师生科研和直观教学基地、新生入学教育基地，也是展示满族民俗文化的窗口，为满族文化的保护与传承发挥了重要作用。

（5）吉林师范大学八旗谱牒馆

建于2006年，展馆面积200余平方米，收藏展示不同时期的满洲、蒙古、汉军等旗人谱书、谱单1 000余部（份）。主要由展厅、谱牒资料收藏室及谱牒整理室三部分组成：展厅部分为本馆主体，分别以图片、实物等形式

吉林师范大学八旗谱牒馆

展示了不同时期、不同形制的旗人谱书、谱单、祖先像以及萨满神器等100余件。谱牒资料收藏室兼有满族资料室功能，除收藏1 000余部（份）不同时期的旗人家谱资料，还藏有3万余册珍稀满族文献资料。谱牒整理室主要用于家谱资料的整理，包括文本整理、备份及家谱的电子化等。八旗谱牒馆是目前国内外唯一专门收藏、展示八旗谱牒资料的专馆，也是建设吉林省东北谱牒特色文化研究基地的主要依托，现已成为海内外此类文献的收藏中心和八旗谱牒资料信息查询中心。

（6）长春大学萨满文化博物馆

是目前世界上首家专业性的萨满文化博物馆。建立于2006年，建筑面积近1 000平方米，馆藏展品468件套，分4个展厅。主要展出的是中国北方朝鲜、锡伯、蒙古、达斡尔、鄂温克、鄂伦春、赫哲以及美国印第安等少数民族的萨满

长春大学萨满文化博物馆馆藏

长春大学萨满文化博物馆

文化和民俗文化，包括萨满神服20余件（套）、萨满神鼓20余面，萨满神偶数百件，以及若干萨满艺术品。其中包括有百余年历史的满族萨满神偶、美国印第安萨满服饰及祭祀用品36件。反映出古代人类与自然和谐相处的生命文化，从立体上生动再现了中国北方少数民族的远古文明。

（7）吉林省农民收藏博物馆

建于2014年，是东北地区唯一一家农民收藏博物馆。该馆位于长春市九台区其塔木镇刘家村，占地面积1万平方米，建筑面积2 200平方米，馆藏各类文物2万余件。由长春市和九台区政府资助，满族萨满文化传承人、农民收藏家、剪纸艺术家关云德创办，藏品为关云德个人多年收藏。馆内分为办公居住区、民间艺术制作间、大戏台、主展馆四个功能区，藏品以民俗用品为主，有铁轮马车、木制犁杖、幔帐套、萨满神器（神鼓、神帽、腰铃）等，涵盖了东北农耕文化、渔猎文化和萨满文化，具有浓郁的地方特色和文化底蕴，为传承萨满文化和东北民俗文化提供了活教材。

此外，目前吉林省还有一些规模不等特色各异的与满族文化相关的博物

吉林省农民收藏博物馆

吉林省农民收藏博物馆

馆，如长春师范大学历史博物馆，建于2008年；吉林师范大学满族佟佳氏历史博物馆，建于2008年；东北师范大学北方民族馆，建于2014年。这些博物馆都从不同角度收藏展示包括满族民俗文物在内的萨满文物和北方民族民俗文物，生动地再现了中国北方少数民族的远古文明，为满族文化的保护、传承与研究发挥了重要作用。

第四章

古老神秘的民族宗教

一、“万物有灵”的萨满信仰

满族萨满教是建立在“万物有灵”观念基础上的多神信仰的原始宗教。供奉的神灵可谓无所不包，归纳起来大致可分为自然崇拜、动植物崇拜和祖先崇拜三大类。

1. 自然崇拜

远古时代，由于生产力水平低下，人们对身处其中的自然万物感到高深莫测，逐渐产生了万物有灵的观念。人们为了获取这些神灵的庇佑，对其顶礼膜拜。在吉林满族人的自然崇拜世界里，上至苍穹、日月星辰，下至山水树木、飞禽走兽，都有他们信奉祭拜的对象。

（1）天神崇拜

在满族萨满祭祀中，天神崇拜占有重要地位。各个地区不同家族，尽管在萨满祭祀的环节方面会有一定差别，但是祭天都是必不可少的环节。从现在遗留下来的祭天礼俗来看，祭天一般都在祭祀的第二天进行，祭祀的主要内容有领牲、宰牲、祭拜乌鸦和天地牌位，食“达子粥”（小肉粥）等。

吃小肉粥

（2）火神信仰

跑火池

用火是人类在改造自然过程中的一件具有里程碑意义的重大事件，满族先民也和其他民族的祖先一样，很早就产生了对火的崇拜观念，敬火、拜火的礼俗也一直流传下来。但满族各姓氏火祭的内容与形式却不尽相同。在今天吉林九台石姓家族的火祭仪式中，主要的活动之一是“跑火池”，满语为“爱心秃瓦不勒合恩都里”。这项活动在祭祀中，由萨满在院中赤足跑过铺满炽红炭火的“火池”。石姓家族在祭祀中祭拜的是其家族头辈太爷大萨满崇吉德。

（3）长白山崇拜

绵亘无垠的长白山孕育了无数的珍禽异兽，为满族先民提供了取之不竭的生活资源，对他们的经济与生活产生了重要影响。在此过程中，满族先民逐渐形成了对长白山的圣山崇拜。这种崇拜在金代就已非常盛行，当时的统治者敕封长白山为“开天弘圣帝”，年年拜祭。到了明清时期，关于长白山为满族发源地的“三仙女”神话传说更加助推了这种崇拜。因此，清历代皇帝，无不把长白山奉为神明，将祭祖与祭长白山并行不悖，并作为国家之大典法定下来。

康熙十六年（1677）四月，玄烨特派内大臣觉罗武默讷、侍卫费耀色等前往长白山拜谒。他们从五月四日离京，二十三日至吉林，在吉林找向导和备粮，六月三日由吉林协领萨布素为前导，往长白山进发。一路上水陆兼程，至十七日到达长白山天池，八月二十一日返回北京。武默讷等奉命往长白山祀神，历时3个月有余。是年，康熙帝下诏封祭长白山神，从此每年望

长白山崇拜

祭无阙。康熙二十一年（1682），玄烨巡幸吉林，鉴于长白山路途遥远，交通险阻，他就在松花江畔对长白山行望祭礼。

雍正十一年（1733），在吉林乌拉城（今吉林市）西南的温德亨山（小白山）建成了望祭殿。望祭殿正殿5楹，祭器楼5楹，牌楼2座。望祭殿建成后，每年春分和秋分各备青牛20条、肥猪20口、羊20只、鹿1头，作为祭祀的牲品，由将军、副都统率领官员，在这里代替皇帝望祭长白山神。此外，每月朔（初一）望（十五）两日，还由将军和副都统轮流到望祭殿拈香致祀。

乾隆十九年（1754），高宗皇帝巡幸吉林，九月二十四日，亲至望祭殿祭祀长白山神，他是到吉林望祭殿望祭满族发祥圣地的第一位清朝皇帝。

吉林市小白山望祭殿遗址

祭白山神文

弘历（乾隆十九年）

维神极天比峻，镇地无疆。象著巍峨，表神奇于瑞应，势雄寥廓，秉清淑于扶舆。锺王气之郁葱，休征毕集；奠坤维而巩固，厚德弥贞。缅帝业之肇基，荷山灵之笃庆。联缵承丕绪，临抚寰区。念凝命之无穷，溯发祥之有自。肇称殷礼，时已越乎十年，载考彝章，礼更行于兹岁。恭展谒陵之巨典，兼修望秩之隆仪。躬荐明禋，用申祇敬。惟冀根蟠灵壤，冠五岳而毕集庥嘉，彩焕鸿图，亘万年而永安磐石。神其默鉴，来格来歆。

1934年，溥仪来吉“巡狩”，也到望祭殿焚香叩拜。国民党占领吉林期间，为修筑工事，将小白山古树全部砍光，望祭殿和牌楼也遭到破坏。仅存的祭器楼也在十年浩劫中被拆除。如今小白山虽山石依旧，但已景物全非。

2. 动植物崇拜

在满族萨满信仰中，自然界万物，从有生命的到无生命的，从动物到植物，都可以成为其崇拜对象，吉林满族也是如此。除了天、火、山各种自然物，自然界中的各种动植物也是其崇拜对象，并且在长期历史发展中形成一些特殊的崇拜。

（1）祭柳

满族及其先民将柳视为圣物加以崇拜，形成了一种普遍而久远的崇柳、娱柳、祭柳的民俗。珲春的郎、关、那姓满族中，20世纪40年代还保留着古老的神树祭，选择高大的柳树作为神树，在神树下进行火祭。吉林市乌拉街镇杨姓家族，在举行家祭

祭柳

时，也要选择村中树龄最长、根深叶茂的柳树作为神来奉祀；长春市九台区其塔木镇罗关家族在举行家祭时，选择枝繁叶茂的柳枝插在正房外东南角。这些习俗，都反映了满族对柳树的尊崇。

（2）祭神鹊、乌鸦

在满族民俗中，还有世人熟知的神鹊崇拜，上文提到的仙女佛库伦吞朱果，感孕而生布库里雍顺的神话，是清代文献中满族崇鹊习俗的较早记载。其后，又有类似的记载见之史册，布库里雍顺数世后，其子孙暴虐，部属反叛，于六月间将鄂多理攻破，尽杀其阖族子孙，内有一幼儿名叫樊察，脱身走至旷野，后兵追之，会有一神鹊栖儿头上，追兵认为人头上不可能站有鹊鸟，疑为枯木桩，遂回。于是樊察得以逃脱。满洲后世子孙，俱以鹊为神，故不加害。其实，在满族先民的原女真各部众，素有古老的崇鹊信仰。在满族先民古代神话中，很早就有“神鹊通天”“神鹊救水中生灵”的神话。这些神鹊神话，远在皇太极颁建满洲族称之前，就传诵很久了。在满族洪水神话《白云格格》里，群鹊求告天神的三女儿白云格格投下青枝，拯救和繁衍了地上的生灵万物。满族萨满教珍贵的《天宫大战》神话讲，宇宙初开时，神鹊为阿布卡赫赫的侍女，阿布卡赫赫与恶魔搏斗，要吃能生力气的东海石，为此神鹊天天去东海采石，归程累了便歇落在神树上。因此，在满族古神话中，喜鹊有衔石助天的功勋而备受崇敬。

神杆祭

满族除尊鹊为神之外，还尤其崇祭乌鸦。满族一些姓氏的萨满神谕证实，满族崇拜乌鸦的观念远远超过崇鹊，要更久远而普遍得多。满族敬天的神杆祭，主要祭祀的对象就是乌鸦。

九台莽卡满族乡的尼玛察杨姓家族祭榆树

（3）其他动植物崇拜

满族的萨满信仰体系里，除了对柳、喜鹊、乌鸦的崇拜，还有诸多其他动植物崇拜，吉林满族也是如此。植物崇拜，如吉林九台莽卡满族乡的尼玛察杨姓家族萨满祭祀中，就有祭祀榆树的传统。在萨满祭祀中，该家族会选择远离村屯的孤老榆树作为神树，进行祭祀。

动物崇拜对象则更多，举凡狼、虫、虎、豹、蛇、蟒、鹰、雕等，都是崇拜祭祀对象。如九台石姓萨满祭祀神灵体系中，就有“雕神”“鹰神”“白水鸟神”“旷野鸟神”“鹡鸰鸟神”“布谷鸟神”“飞虎神”“野猪神”“金钱豹神”“蛇（八尺蟒）神”“蟒（九尺蛇）神”等。此外，还有自己家族历史发展中创造出来的神，如“金花火神”“火炼金神”等。这些都属于这类的神灵，至今仍是其家族祭祀的重要对象。

九台胡家石姓家族绘有蛇、蟒、鹰、雕的神旗

九台胡家石姓家族大神案

3. 祖先崇拜

祖先崇拜是在亲缘意识中萌生、衍化出的对本族始祖先人的敬拜思想。满族人祭祀祖先，是相信祖先的在天之灵能够庇佑族人，保护家族子孙昌盛、平安顺遂。从吉林满族祭祖的相关资料来看，其祭祀的祖先神主要包括以下内容。

（1）民族神

就是各姓氏共同供奉的全民族的神，包括阿布卡恩都力（泛指天神，其中包括“上天之子”“天之贝子”“天宫贝子”“大神之子”）、撮哈占爷（祖先神）、阿浑年锡（农神）、尚锡之神（农神）、马忻贝勒（农神）、乌忻额真（农神）、乌龙贝子（祖先神）、讷克莲师傅（萨满祖神）、呼拉拉贝子（祖先神）、朱舍贝勒神（农神）、敖都妈妈（战神）、佛多妈妈（生殖神）、额真师父（萨满祖神）、安春阿雅拉（祖先神）、头辈太爷（萨满祖神）等众多神祇。

佛多妈妈

在这些神祇中，“撮哈占爷”（即长白山神）占有重要的地位，他是祖先崇拜的首神。在吉林地区满族萨满中，有直接称其为“白山主”或“白山总兵”者。当地保存下来的“撮哈占爷”神像有两类：一类是雕工比较粗犷的木制尖顶神偶，另有尼贞布库、巴那额真二神偶为随从。另一类“撮哈占爷”为彩色画像。“撮哈占爷”为满语战神之意。画中一位头戴顶戴花翎，身着黄袍马褂的武将，骑着一匹高大的枣红马，在两位卫士的簇拥下，行进在群山环抱的林间小路之中。

九台石家“撮哈占爷”

祭祀神祠中这样描绘这位伟大的神祇：

红脸的撮哈占爷，
骑的是匹火龙驹。
统帅“巴图鲁”众神，
能征善战光彩照人。

九台石家大神案子

（2）氏族祖先神和祖先英雄神

在九台石姓家族祭祀的神祇中，有按巴瞒尼神、巴图鲁瞒尼神、胡牙乞瞒尼神等35位祖先英雄（瞒尼神）。还有6位有辈分、有名号、有归宿地点的祖先神。

二、神奇的萨满神偶神器

在满族的萨满祭祀中，主祭的“萨满”关系到家族祭祀的兴旺与传承，因此，每个家族萨满的产生与培养都有一套严格的规制。神偶作为祭祀神灵的代表物，神鼓、腰铃等作为祭祀中使用的神器，也都因为祭祀的神圣性而被赋予了神秘的禁忌。

1. 萨满及其传承

满族萨满是一族一姓的领神人或祝神人，只属于本氏族。一个家族中的萨满根据在祭祀活动中的职责和分工不同，可分成两类，一种叫萨满，即领神人，亦称“大神”，一族一姓在一个时期仅能产生一位（如支系较繁，亦可有多位）。另一种叫栽力，即祝神人，也称家萨满，俗称“二神”，一族一姓在一个时期可拥有多位。这两种萨满都只能在本氏族中产生，为血缘群体效力。

满族萨满的产生有两种途径，一是“神抓”，二是“族选”。所谓“神抓”，即萨满不是人择定的，而是神指派的，这个神是指本姓氏前几代死去的萨满中的某一位灵魂回转，附着到该族中某一个人的身上，神附体称之为“抓萨满”，被附体的人不受年龄限制，但他必须有异常的表现，或是突然发病，精神癫狂，或是善于耍刀舞枪，有超人的技艺，而这一切在神附之前是没有丝毫迹象的。经过族人及萨满的讯问和验证，并由阖族操办烧官香大典，举行隆重的放神仪式，经过实践后才被公认为合格的萨满。“族选”萨满是通过家族的穆昆会议，由族人民主协商选定的。被选者要经过一段学习，并通过严格的考核，成绩卓越者最终成为萨满。

无论是神抓萨满还是族选萨满，只为本族姓服务，有继承权的萨满也必须是本族本姓的人，无论男女。如果一个家族萨满传承出现断层，即没有萨满了，那么该族内就不能举行阖族烧香跳神祭祀活动，满族称之为“扣香”。在“扣香”期间宁肯停止烧香跳神，也不允许从外姓氏中请来萨满主持祭祀活动。

在满族萨满教中，新萨满学习和训练过程有特殊的规定，一般以9天作为一个时段，“九”，满语称为“乌云”，因此，学习的过程被称为“学乌云”或“教乌云”。但具体学习时间的多少则因家族和具体情况而异，有“九乌云”（81天）、“七乌云”（63天）、“五乌云”（45天）等不同说法。

“学乌云”或“教乌云”期满后，还要举行“落乌云”仪式，用以检查学

九台石家“教乌云”

习效果。“落乌云”的祭祀程式与传统的祭礼一样，但祭祀的主角却是新培训的萨满和栽立，通常情况下比正常的祭祀仪式内容要简化一些。吉林九台满族石姓家族至今仍保留着完整的“教乌云”和“落乌云”的习俗。

九台石家“落乌云”

2. 萨满神偶

满族各姓氏供奉的神灵均是本族本姓的先世传承下来的，不同的姓氏所祀奉的神祇也各不相同，与此相关联的神偶也是各有差异。神偶的来源几乎都有某种神话、传说的依据，并根据神话、传说中所描绘的模样去制作。在满族萨满祭祀中，对形态各异的偶像顶礼膜拜，意在祈求它赐予人们幸福和平安。

满族石姓萨满神偶图

满族石姓萨满神偶图

（1）神偶功能

从文献记载和当今遗存来看，吉林地区满族萨满神偶种类繁多，从神偶主司的功能来看，大体可以划分为以下类别。

守护宇宙安宁

保佑风调雨顺、物丰人盛。珲春那姓桦皮宇宙神偶、吉林大绥河乡韩姓司昼夜夫妻神偶和红旗乡杨姓男女布帛神偶均属此类。此类神祇大多为宇宙大神，职能较大，较宽，在人们的观念中占据极高地位，人们的崇奉态度十分虔诚，在祭祀中常采取最严谨、规范的祭祀礼仪。

保佑儿孙幸福富足

满族各姓祖先神均有此职能，人们每年敬祀祖先，供奉祭品，祈求祖神护佑。吉林九台石姓家族供奉的众多瞒尼神，身穿猪皮衣，脚着猪皮靰鞡。在家族祭祀的时候，族人恭敬地请出这些祖神，纳供献祭，以求祖神保佑子孙后代家宅平安，生活富庶安康。

护身防患

此类神偶往往较小，便于随身携带，保佑人身安全。永吉县大绥河乡韩姓家族的“鄂其和”即是这种神偶，高仅3.3厘米，头顶尖状，双臂平伸，人们佩带它，祈求保佑平安顺遂。

保佑生产劳作顺利

珲春胡姓家族的船神，称为“威虎力恩都力”，为船上站立着的两位女神，保佑人们捕鱼行船安全。杨姓供祀的海神，保佑人们捕鱼作业人船平安。郎姓家族祭祀各种动物皮偶，有守护猎人安全、保佑猎物丰收之意。

护宅驱邪

有些神偶被用来镇宅除病，保佑阖家身体安康。永吉韩姓家族人员在冬天出门时将神偶挂在车棚或营地窝棚里，祈求平安顺达。赵姓则将房神偶像挂于住房上端隐蔽处，不许人看见，它身披彩穗，驱魔消灾，保佑家中妇孺安康，不得疾病。

育婴佑婴

满族普遍奉祀生殖、育婴大神佛多妈妈。该神位有用一个柳枝代位者，意为人类像柳叶一样繁盛；也有用一个三角黄布口袋表示，意即母体，人自口袋发生；也有雕一女性木像，有的如平常女性木神，有的则突出女性生殖、哺乳部分，象征人类繁衍的力量。佛多妈妈的责任除了主管人类自身繁衍外，还关照儿童、妇女健康诸事。有的姓氏还有兼管生育的其他神，如东海窝集部胡氏供奉的一对祖先神便是兼管生育的夫妻神。

保佑战事平安

在吉林满族各姓中，有些人家供奉战神敖都妈妈，她骑双乘神骥，驰骋如飞，在战斗中庇护着本部出兵征战吉祥顺遂。神谕中这样赞道："骑双骥强壮，战马行走，各处太平。昼行千里，夜走八百，紧急而去遥远。"人们供奉她即恳求敖都妈妈守护族人在战争中各事顺利，并取得胜利。

替身偶

在满族一些姓氏中，人有病或死亡要寻找另一个灵魂替代物，或代其消病除灾，或为死者灵魂替身，作为与现世联系的媒介。方式济《龙沙纪略》载："病家束草，像人，或如禽鸟状，击鼓作厉词以祭，喧而逐之，枭其首于道，曰逐鬼。"

缅祖励人

满族各姓多有祖传偶像，它让人们慎终追远，不忘根本，遵循祖法，家族和睦。这类偶像多以祖先木神、布帛神或画像神代位，也有以别物代之者。珲春、九台各地关姓的鸟羽神偶，四平公主岭镇石家村赵姓祭祀的乌鸦神偶，九

满族萨满神偶

台石姓的鹰、虎、蟒、蛇等八面动物旗帜，以及各姓设杆祭祖时杆头屹立的虎头、神鹰或神树上悬挂的兔皮等，均为各姓保护神。

（2）制作及使用

萨满神偶可以分为木制、皮制、布帛制、骨制等多个种类，形态各异。在满族人的观念中，因其附有神性而被神圣化，因而，在制作神偶时是有许多规矩的，并非随意而为。神偶制作不能由女性来完成，尤其怀孕的妇女，更不能近前，而且只有萨满或在萨满操持组织下，才可操作。各姓氏也都有自己的取材种类和方式，为其要者，所取之物必须有神异之兆，必须遵天命，重神意。做神偶的用具，如雕刻刀、石钻、磨石、火镰、锯等，要用新的或只用来制作神偶的专用工具。神偶的安放必须面南放在西墙神位上，处所必须洁净。不许在神偶面前讲脏话，嬉戏打闹。祭祀神偶的规矩，祭品，所用祭器，挂笺的样式、颜色、数量等，均不得任意改变。各姓神偶的有关故事、掌故均秘而不宣，否则就是亵渎神灵，要受到责罚。

在制作完成后，还要举办请神偶仪式。凡家族中原有的萨满神偶都要摆出来，摆放在铺有干草、桦树皮、兽皮的神床上，神床上还撒满兽牙、兽骨和野花等，杀野牲并将其血撒在神帐周围，然后以血代酒进行祭祀。此时萨满则昏睡过去，待其醒来便击鼓跳神，依据神意讲述该神偶之名号、形状、材质、职能、特长、喜好、摆放位置及顺序等，只有这样祭过的神偶才有灵性，才能被族人认可。

3. 萨满神器

神器是萨满从事祭祀活动必须使用的各种器具。吉林满族的萨满神器和其他地区满族的萨满神器大同小异，择其要者列之如下。

神龛：满语“喔车库”，供神之所。

神杆：满语“索木”。祭祀用具。在山最高处采得树木制成，树以九枝为上，以此代表通达“九天”之意。祭祀时以猪血蘸杆头，并扎草把（内夹猪身各部位之一部分）绑于杆上，以享天穹。祭祀结束，将神杆送往高山清洁处，或送江河中漂走，也有的存放在院中西南方立的石柱上，待来年祭时换新杆，并将旧者送走。

萨满神杆

神石：祭天时，祭家在院内支祭锅的石头，一般为3块大石。用以烧煮祭天供品。祭后神石不能乱扔，而要送到高山之上。

神帽：满语“央色”。满族各姓神帽不尽相同，有饰鹿角者，但多饰鸟。人们认为鸟是生命、灵魂的居所，它能翔天与各神交往，因此也是具有这种能力的萨满之象征。鸟的数目不等，有3、7、9、13、17、25等各种，数目由各姓自定，各姓神帽多表现所崇祀自然宇宙大神的数目、内容及神权范围。

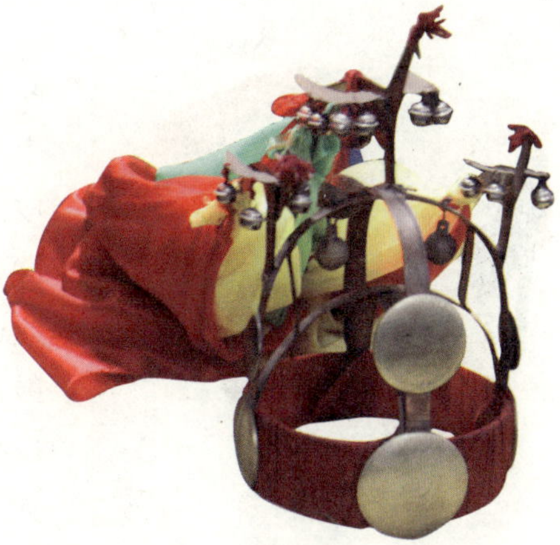

萨满神帽

哈马刀：护法神器，刀上穿铁环。专门卫护神匣、神龛。

香碟：祭器，用木刻制而成，长13厘米左右，内盛达子香，也称年期香。

神案：放神牌、挂神像之所。制作材料有木、绢帛、纸等。木制神案，宽窄、高低等规格不一，其形状是左右两侧各立一柱。上中下各置一横梁，下有座，底座下两边各置一个三条腿式的支座。上面横梁两端各置一龙首，

萨满香碟

故称“龙案”。整个架具不用钉，只用铆榫。神案多用于“没扣香”之家。祭祀时放于正房西屋西条炕上供桌之后，用黄布或黄云缎为帘幕，各种神器置于案后，不让别人看见。案前悬挂神牌神像，按一定顺序排开。吉林九台石姓家族的神案，高2米，宽1米。神案上端彩绘石姓家族的发源地——奇峰罗列、瑞云缭绕的长白山和奔腾的松花江源头水。在神案中间最显要的地方，绘着按严格的辈分排列的传说死后归位于长白山为“神”的历代萨满。在每位图像的右边均用满文书写其名讳。神案的两边和下方分别绘有萨满奇幻的传说图案。

抬鼓图

抬鼓：满语“通肯”。早期“通肯”极为原始，在地上插4个木桩，用大牛皮等包上，绷紧，用棍棒敲击，或将树干锯断，蒙皮绷紧，晒干后敲击。现抬鼓多为木制，双面蒙皮。演奏时自置膝间，以手或鼓槌击之。跳神时，则以绳穿鼓面小孔系于鼓架。鼓形如短筒，鼓框木制，面蒙驴皮或马皮。皮面边缘扎等距小孔，用皮绳或麻绳交叉穿入小孔，使皮面固定于鼓框。萨满表演时，由木架支撑或由人抬着敲击。

腰铃：满语“西萨”，汉意腰铃、萨满铃。最早的腰铃为石头制作，现多用铜铁制作。形如喇叭筒，每根筒上置小环，用皮绳或铁丝将32根喇叭筒和3个萨满铃相间缀钉在一块牛皮或马皮上，再缝缀于牛皮腰带后肢部位。萨满表演时围扎腰间，以甩、摆、顿、颤、晃、摇等动作，使铃互撞发声。

萨满手鼓

手鼓：又称抓鼓。鼓面为圆盘形，蒙以驴皮、马皮、羊皮或牛皮，鼓面常绘神界图案、神偶像。背中部设一铁环，由皮绳或铁条将鼓与鼓框以十字拴系，在两条皮绳间横系一铁丝，上穿十余枚铜钱。祭祀时，左手握铁环十字皮绳或十字铁架，右手执一根用薄竹片制成的鼓鞭敲击，除以鞭头击鼓外，还可将鞭身贴近鼓面敲击，或配合左手推拉铁环碰击鼓背发声。

铜镜：满语为“托里”，汉意“神镜”。萨满跳神时佩戴的小镜子。镜为圆形，一面磨光照人，背面多铸花纹，中设半圆形小纽。萨满把铜镜作为法器，亦用为乐器，将两片大小不等的铜镜缝缀在萨满服上，表演时相互撞击发声，清脆响亮。

托里

轰勿：汉意“神铃”“铃铛”，又称“晃铃”“杆铃”。是在长三尺七寸，直径七分的木杆（一般用桦木）上，用皮绳拴以大小不同的7个铁铃或铜铃，摇晃作响。在祭祀的各种响器中，它显得清脆，独特，烘托出自然宇宙各种现象的气氛。

杨姓晃铃

此外，萨满祭祀中还有扎板以及枪、刀、棒、叉等兵器，这些兵器都被赋予神力，能消灾祛病，保佑康宁。

三、神秘敬忌的萨满祭祀

吉林满族萨满祭祀今天主要以家祭为主，祭祀的程序一般包括祭祖、祭天、换锁3个主要环节，其中祭祖当中包括背灯祭。祭祀时间一般为3天，在祭祀的过程上，一般第一天祭天，第二天祭祖、背灯，第三天换锁。也有个别满族大家族由于祭祀内容丰富，时间会拉长，祭祀的顺序也会稍有变通，但主要内容一般不变，时间上最多不超过9天。现吉林省境内存在的满族萨满祭祀大体如此。

1. 萨满祭祀过程

（1）祭祖

祭祖的准备

祭祖一般在祭祀的第一天进行。祭祖之家在祭祀前要备好祭祀所用物品，洒扫庭院。祭期内于庭前悬挂谷草扎成的草把做标识，严禁僧丐、衣狗皮者入内。

打糕祭神

打糕祭神

这是满族祭祖的一项重要内容，它包括淘米、镇米、做糕或饽饽、敬神等步骤。祭糕的整个制作过程是在祭祀的前夜进行，期间对制作者有各种戒规，宗旨是必须保证参与者身体洁净，严格除秽去邪。最先制成的糕要敬献神祖，萨满要诵念神词向神祖献祭，率众族人叩谢神祖的庇佑等。满族各姓氏打糕祭神的仪式大同小异，只是在供品和香碟的数目上有所不同而已。

领牲祭神

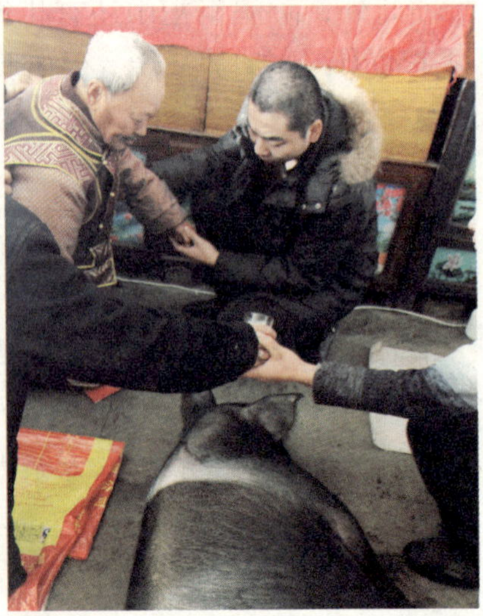
领牲图

这是紧接着打糕祭神仪式而进行的祭祖活动，主要包括领牲、杀猪、摆件子、敬神等环节，最后阖族分享祭肉。其中重要的仪式是领牲和摆件子。领牲就是向神祖献牲。

背灯祭

在祭日当天夜半时分进行。祭祀时最大特点是背灯，即在黑暗中祭祀。另外，背灯祭所用的喜猪肉，外姓人不得食用。背灯祭结束便撤供，萨满将祭祖的神器请回祖匣安放于西墙祖宗板上。背灯祭过程中要门窗紧闭，族人不得有半点儿声响，只有主祭人诵念满语神词，神刀、腰铃、轰匇、卡拉器等响器伴奏。

（2）祭天

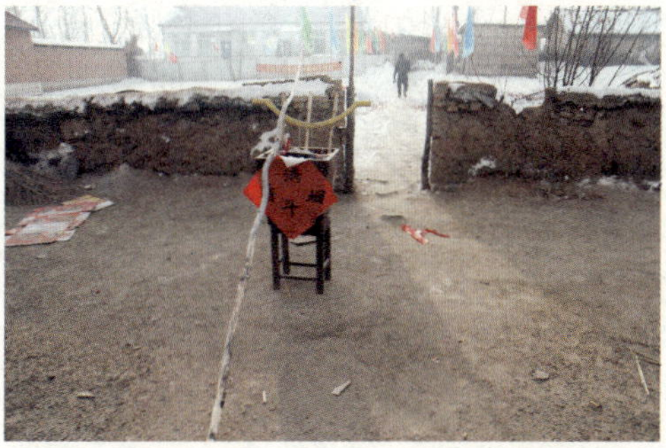

满族庭院“索伦杆”

也叫“祭神杆”，因为主要在院子里面进行，也叫“院祭”。老百姓俗称“念杆子”或“给外头”。一般在祭祀的第二天进行。祭祀时阖族在祭家院中拜祭神杆，神杆一般长3米（9尺），代表九层天。各姓对神杆的选择与整修有严格的规定。满族各姓祭神杆时，在它的顶端要涂上牲血，以便让天神喝到，所献牲身上的各个部位，也都要缠绕在神杆上，或供在安置于神杆上部的锡碗内。神杆顶端绑的是代表整猪的杂碎，另有五谷杂粮等，用以供祀乌鸦、喜鹊。祭神杆主要祈佑家族繁盛、五谷丰登、六畜兴旺，祀神供品与他项供祀相差不多，只是多了一种用肉丝做成的小肉饭。祭毕，阖族共餐。祭祀的全部过程基本在祭家院中室外进行。

相传努尔哈赤青年时，手持索伦杆，头顶北斗星，在长白山里放山挖参，艰苦创业，后来打下江山，所以索伦杆就是他放山的索伦棍。另一说法是，相传在努尔哈赤将要被明军追及时，乌鸦曾救了努尔哈赤的命，因此，满族人家世世代代崇尚乌鸦。

九台石家族院内祭天

（3）换锁

一般在祭祀的第三天进行。具体来说，就是先从锁口袋里面取出锁绳，然后从西墙神龛处扯出，直绑到外屋或者室外竖起的神树上（多用柳枝）。锁绳又叫锁线，萨满将锁线上的布条缠在男孩、女孩脖颈上。男孩带上锁线，寓意长大就会成为一个骁勇威武的巴图鲁（勇士）。女孩带着锁线，寓意期望可以长得健康、俊俏。仪式完毕，锁线收入锁口袋中，挂在西墙神龛下。换锁仪式旨在祈求人丁兴旺，祛病除灾，也可以说是一种古老的家族续谱活动。

换锁图

2. 不同家族的萨满祭祀

吉林省境内现存的满族萨满祭祀以石姓、杨姓、关姓、张姓（汉军旗人）为代表，被誉为世界“萨满祭祀的活化石”。

（1）石姓萨满祭祀

满族锡克特里氏石姓家族现居长春市九台区胡家乡小韩屯，该家族的萨满祭祀活动（祭祖）是现世界范围内仅存的为数不多的满族萨满祭祀中保存最完整的萨满祭祀活动。2007年，“九台满族石姓家族祭祖习俗”入选第一批吉林省“省级非物质文化遗产”名录。该家族的满族萨满祭祀活动、萨满传承谱系、祭祀仪式、满语神词演唱等均较为完整。现有萨满7人，其中家族萨满6人，大萨满1人。近几年，家族相继举行了系列祭祀活动，如2008年“落乌云”活动、2012年的“续谱祭祀”活动、2014年的“萨满传承”活动等等。大体上说，石姓家族的祭祀分为西墙祭祖、祭天、换锁、背灯、星祭等祭项。其中西墙祭祖的“大神案”祭祀别具特色，民间称为“放神”，主祭萨满通过入迷的方式，在助手萨满（栽力）的配合下表现所祭神灵特征。

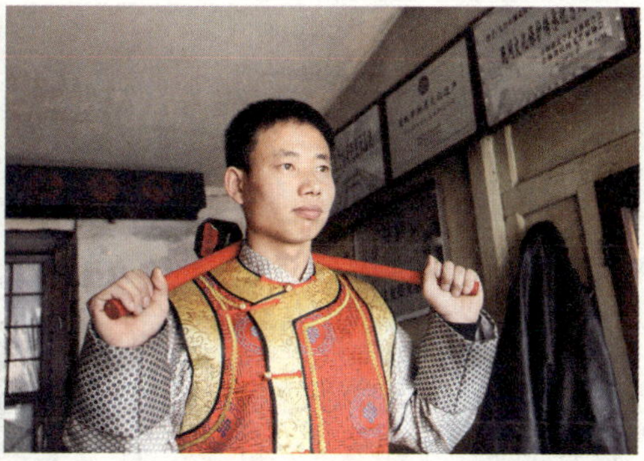

石姓萨满祭祀图

其中蕴含了丰富的萨满音乐舞蹈形式，唱诵的神词体现了萨满教的宗教观念。长期以来，石姓的萨满文化受到学者、媒体和相关部门的广泛重视。

（2）罗关萨满祭祀

满族呼勒瓜尔佳氏关姓家族现居长春市九台区其塔木镇刘家村。罗关家族是当地世居的满族古老家族之一，萨满文化留存丰厚。该家族保留了相当多的萨满文物，包括年代十分久远的神鼓、腰铃、祭器（香碗、酒盅、酒壶）等。现有家萨满4人，其中大萨满1人。萨满祭祀活动也十分活跃。如2004年应邀到“国际萨满文化学术研讨会”表演、2012年家族的“续谱祭祀”活动等等。该家族的萨满祭祀活动主要为“亮祖爷”“给祖爷穿袍”“门口请神”“跳肉神”“背灯”“祭天”“换锁”等环节。罗关家族有政府资助所建的“萨满文化博物馆”一座，该家族的“萨满神鼓制作技艺”被评为长春市级非物质文化遗产。

（3）杨姓萨满祭祀

满族尼玛察氏杨姓家族现居长春市九台区莽卡满族乡莽卡村。杨姓的萨满祭祀活动的“祭祖习俗”也已被列入吉林省“省级非物质文化遗产”名录。该家族萨满文化保留了“东海女真”的文化特点。在祭祀活动中，有“拜东”的

杨姓萨满祭祀图

祭项。此外，家族的萨满文本十分丰富，引起海内外学界的高度关注。该家族萨满活动也比较活跃，2012年（龙年）农历正月，也举行了隆重的祭祖及续谱活动。

（4）张姓汉军祭祀

汉军张氏家族现居吉林市龙潭区乌拉街镇弓通村。该家族为加入八旗的汉军旗人，其“旗香”文化十分丰富，独具特色。该家族的“吉林乌拉陈汉军单鼓舞”2011年被列入国务院公布的“第三批国家级非物质文化遗产名录”。它代表了八旗中汉军旗人的“旗香”文化特征。传统汉军人的旗香文化是以地域为单位传承的，民间称“坛班”，主祭者称为“神将”，现在均自称“萨满”。汉军旗人的烧香活动一般分为“官香”和“君辖香”，内容十分丰富，主要有“批宗坛”“安座”“念座神”“放神”“撵班”等祭项。

张姓汉军祭祀图

四、慎终追远的修谱续谱

续谱也称作“办谱”“修谱”，就是在特定的年份和时间，把家族逝去的和新增加的人口以不同的形式记录在谱书上。也有些族系分支借此重新立谱的。续谱是和祭祖紧密相连的活动，可以说，有些家族祭祖的一个主要目的就是为了续谱。世居在吉林的满族各大家族都有自己的家谱，他们一般都会选择在龙、虎、鼠年正月间进行续谱活动。届时要请本姓萨满举行祭祀，祭祀时间可长可短，或二三天，或五七天，由穆昆联席会议决定。

吉林地区的满族续谱活动，各家族因情况不同而有所不同。一般除去准备工作，包括接谱、亮谱、拜谱、上谱、省牲、收谱几个环节。以九台

吉林满族佟氏续谱

满族石姓家族为例。石姓家族续谱多选在龙虎年的正月初进行，具体仪式如下：

1. 接谱

接谱

当日上午8时许，族长带领各大支的代表到供祖的人家，在供奉祖先的神龛前按先长后幼的顺序跪下，行三拜九叩大礼，栽力用满语向先祖禀告："我们都是石姓家族的子孙，您的后辈时刻不敢忘记先祖艰苦创业之恩德，如今旧月已过换新月，子孙们用新打下来的饱满的新粮、上好的美酒、新鲜的瓜果、自制的芸香、新买的香火，摆成了大供，在此良辰吉日，按祖制族规，特来敬请先祖到某地享祭。"然后，将盛放先祖影像的谱匣和盛放谱书的谱箱抬走。原供祖之家，须跪拜送之，以示对先祖的虔诚和敬仰。待谱匣和谱箱抬出大门后，方可起身徒步相送。

2. 亮谱

当谱匣和谱箱被抬到办谱地点时，一进大门便鞭炮齐鸣，人们按先长后幼的辈分顺序跪接先祖。进屋后，按事先选好的吉时，净手取出先祖影像，面南背北，悬于西屋北墙之上。石姓家族的祖影，长约1.8米，宽1.3米，道光二十一年（1841）正月彩绘而成。谱的最上方画着奇峰叠嶂的长白山、奔腾的松花江、莽莽的辉岭和辉发河图案。谱的正中是“金镂神堂”，内画始迁祖吉巴库的坐像。稍下的神堂中，为二代曾祖萨喀那的画像。最下方，并排画着家族第三代7位曾祖的尊容。谱的左右两边和上方写有对联和横批，上联是“福如东海长流水千古永存”，下联是“寿比南山不老松万年长青”，横批是“乐吉孝思”。

亮谱

3. 拜谱

在室内悬谱的同时，室外鞭炮齐鸣。悬谱完毕，摆供焚香。石姓家族的谱上共绘有9位先祖的影像，因此供品皆分9份，按品种不同排列，第一排是9个香炉，炉中各燃1炷香；第二排是9摞儿馒头；第三排是9摞儿橘子或苹果；第四排是9个品碟、9双筷子、9盅酒。族人便在族长的指挥下，按先长后幼的辈序和前男后女的顺序排列，在各位神祖影像前行三拜九叩大礼。

拜谱

4. 上谱

上谱是续谱的第四项程序。凡是没有上谱的儿孙及媳妇的名字，均用毛笔续写在谱书上（媳妇只写某某氏），活着的人名一律用朱砂或银来写，死去的人名一律用黑色将原来已上了谱的红字描盖上，有官职和学位者要在其名讳的右边书写清楚，以示光宗耀祖。上谱时，凡无子嗣者，可过继同胞或族中其他弟兄的子孙，并写列在自己名下，注明过继时间。

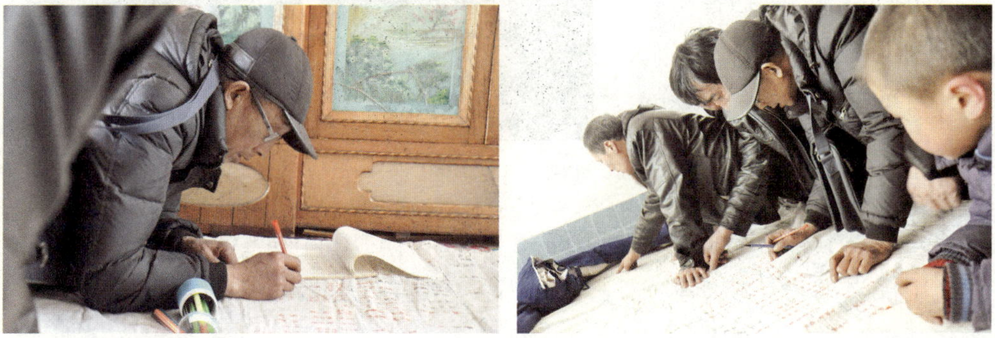

上谱

5. 省牲

所用猪必须是劁过的纯黑毛、短嘴巴的公猪，不用民人家的。这种公猪满语称之为“铮儿”。栽力跪在猪头左侧，族长双手端着一碗凉水跪在猪头右侧，其余的人按先长后幼的辈分，男左女右依次跪在栽立和族长身后。领牲的栽立用满语对先祖的功德进行赞颂，并说明今日宰牲是敬请先祖前来享祭之意，边说边用酒盅从猪尾到猪头慢慢地洒少许凉水，再从族长双手端着的水碗中舀出一盅凉水，慢慢地倒入神猪的耳朵中，如果猪立刻摇头摆耳，即为“领牲”了，表示先祖和各位神祇已同意此次的供牲。如果猪不摆动耳朵，说明先祖没有同意，或因某件事没有办好，必须进一步请示说明。领牲后，阖族欢欣，互相道喜，然后杀猪、褪毛、摆件子、供头，最后阖族共吃喜肉。

6. 收谱

收谱

收谱是办家谱的最后一项程序。选定吉日良辰，在族人进一步瞻仰先祖圣容后，按辈叩头，将先祖影像和谱书请回谱匣和谱箱，供奉在西墙的上方，撤掉所有供品，续谱就此结束。

当然，因为每个家族的发展历程不同，续谱形式也会表现出自己的特色。如在写谱的形式上，有的家族谱书用满文书写，有的用满汉两种文字书写，也有的仅用汉文书写。相比较来说，满文谱一般年代都较早，随着时代的发展，满文渐渐废弛，才发展出满汉合璧的家谱，而到现代，则多是汉文谱册了。有些家族随着时代的发展，在入谱人选上也发生了一些变化，多数族户办谱，除未嫁姑娘外，男女均填谱，女子亦写真名实姓。续谱形式上的这些变化，反映了时代发展对这一传统习俗的影响，也是时代变迁在社会风俗发展变化过程中留下的印痕。但不管形式如何变化，吉林满族通过续谱这种形式所展示的慎终追远、瓜瓞绵延的家族情怀没有改变。

收谱

第五章 得天独厚的民族经济

吉林地区有较为优越的自然环境和丰富的自然资源，也正是这样的地理环境决定了吉林地区满族的生计方式，形成了其独具特色的民族经济。明末以至清代以来，吉林地区满族的生产活动早期以采捕渔猎为主，随着生产技术的提高，农耕后来居上，手工业有一定发展，并且随着与汉族经济交流活动的增多，也有了一定的商业活动。

一、简朴粗放的采捕农耕

明末至清初以来，吉林地区满族的生产方式主要以采捕渔猎为主。清代，随着汉人大量迁入，农耕生产方式的传入，农业生产技术日渐提高，农耕在满族的生产活动中逐渐取代采捕渔猎，占据了主要地位。

1. 采捕

采捕主要指渔猎和采集。俗话说：关东山，三宗宝，人参貂皮乌拉草。东北地区被清朝视为重要的“龙兴之地”，幅员辽阔，自然条件优良，物产丰富，一直是满族先民的天然猎场。顺治初年在吉林设立打牲乌拉总管衙门，直接归内务府管辖，专门负责为清廷采捕人参、鳇鱼、东珠、蜂蜜、松子等土特产品，每年分两次呈进，用于祭祀坛庙陵寝及供皇室享用。打牲乌拉作为清代四大贡品地之一，素有“南有江宁织造，北有打牲乌拉”的说法。

打牲乌拉总管衙门

（1）采珠

即开采珍珠。吉林地区水资源十分丰富，松花江、呼兰河、图们江等都是水流量较大的江河。在这些江河里盛产一种十分珍贵的淡水珍珠，这就是历史上赫赫有名的“东珠”。

清代东珠仅供皇室使用，禁止民人私自采珠。因清皇室及王公大臣对东珠需求量很高，在吉林乌拉街打牲乌拉总管衙门设珠子柜，专事采珠贡事。

东珠采捕是清朝的一件大事，历年需由吉林将军奏请皇帝训示。

当一切准备就绪，打牲乌拉总管衙门会派出翼领、委翼领、骁骑校等64名官员专管采珠。采珠人除了衙门内的采珠牲丁外，还有沿江的水手，以及被流放到东北的流人。采珠牲丁的基本单位是珠轩（队），打牲乌拉总管衙门总计有94珠轩，这些打牲丁们每年四月乘舟采珠，至八月始归。

采珠的方法，根据徐兰《塞上六歌·采珠序》中描述：“八旗旧有采珠人，以木插中流，长绳系腰，入水取蚌，急则震绳挚之起。”每次采珠之时，八组采珠路线上的打牲丁们，溯流寻采。8~10人组成一排，腰系绳索，背着口袋，抱着石头，沉到水底捞蚌，拣满口袋后振绳，伙伴将其拉出水面。如遇到水深处，用木杆插入水底，打牲丁们顺木杆入水采珠，将蚌取出后，在采官监督下剥开。常常是采几十只蚌，甚至上百只蚌方得一颗东珠。采珠期间，牲丁要接受衙门各级官员的监督，严防藏匿和偷盗。莫音官和巡查官一起，需亲眼见证东珠被装入封筒，粘贴印花。每次东珠采捕结束，都要在打牲乌拉衙门内进行挑选、分类、封存、登记，并将采捕结果上报内务府。

朝廷对东珠采捕的奖惩也十分严格，超过征收定额的打牲丁会得到奖赏，达不到定额的打牲丁只能接受惩罚。由于这一制度十分严厉，民间牲丁畏惧巡查官如虎狼。也正因为如此，在东北民间流传有许多采珠人的传说和故事，如《珍珠船》《塔娜格格》。在这些故事里，打牲丁们幻想自己水下的采珠地为多彩的龙宫，内容多为珠精化身美女献珠并以身相许，幻想得到东珠的同时还得到爱情。

民间故事《口袋河》

一个采珠人找到龙王藏珠蚌的地方，打开珍珠门，见圆润明亮的珠子滚滚而来，贪心顿起。张开口袋肆意掠装，结果口袋被珠子撑破，自己被压死河中喂鱼。乡人来寻，只见破口袋横漂河上，因此这条河得名口袋河，满语为富尔湖毕拉。

解送贡品

进京呈送包括贡珠在内的贡品还有一套特殊的风俗习惯和专门的解送过程。

因为贡品价值连城，所以送贡的路上并不是永远太平，因此每次送贡，打牲乌拉衙门都要派送专员护送，而沿途各地的衙门也要派人解送。

(2) 捕鱼

满族是著名的渔猎民族，捕鱼是满族先民重要的生活来源之一，与满族的生产生活息息相关。东北地区水资源丰富，盛产多种鱼类。《柳边纪略》中就有“塞外凡鱼皆肥美”的记载，《宁古塔纪略》中也有“江中有鱼，极鲜肥而多……满洲人喜食之，夏间最多”等描述。作为渔猎民族的后人，满族先民上至皇帝，下至百姓都十分重视渔猎，其中最重要的是打捕鲟鳇鱼。“相传清代皇太子在登基之际都要踩鲟鳇鱼头。康熙帝在东巡到达乌拉地方时，曾专门乘船巡视过打鱼楼和鳇鱼圈，可见对鲟鳇鱼的喜爱。”

清朝入关后，打牲乌拉总管衙门承担着鱼贡，因此须保证鱼的新鲜。所以吉林满族先民发明了网捕而后圈养保鲜的方式，今天的很多地方还留有鳇鱼圈这样的地名，就是清代流传下来的。

松花江冬捕

据记载，乾隆帝曾在看到松花江上渔民捕鱼的场景之后，乘兴写下了一首《松花江捕鱼》。

松花江捕鱼

弘　历

松江网鱼亦可观，潭情潦尽澄秋烟，
虞人技痒欲效悃，我亦因之一放船。
施罟旋近岸，清波可数鲦鲈鲢，
就中鳇鳇称最大，度以寻丈长鬐轩。
波里颒如玉山倒，掷叉百中诚何难，
钩牵绳曳乃就陆，椎牛十五一当焉。
举网邪许集众力，银刀雪戟飞缤翻，
计功受赐即命罢，方虑当秋江水寒。

吉林地区的鱼类品种非常丰富，满族渔民捕鱼一般分为春捕、秋捕和冬捕，其中尤以春捕和冬捕最为重要。

查干湖冬捕

（3）采参

长白山地区是吉林省产参的主要地区。长白山人参“秉东方生发之气，

长白山野生山参

得地脉淳精之灵，生成神草，为药之属上上品”。自古以来，长白山区的人们把进深山老林采挖人参称为“放山”，挖参的人称为“放山人”。茫茫林海，瘴气弥漫，野兽横行，放山是对人胆识、智慧、体能的考验和锻炼。过去，满族先民把参与放山看作是男人成熟的标志，因为世人认为人参灵异，且具有巨大的药用价值。经过历代实践，放山人逐步形成了一整套由野外生存技能、专用语言、行为规范、道德操守、采参技术、专用工具构成的独特风俗，并逐渐形成了一套独特的采参习俗和山规，由放山人师徒之间口传身授，相传至今。

长白山地区沟壑纵横，山高林密，野兽蛇虫众多，放山艰苦而危险。在长白山区流传的采参歌谣，生动地反映了放山人历经重重艰险、九死一生的实际情况。

长白山采参歌谣

采参图

放山愁，放山愁，放山人进林心更愁。抬头不见天，低头一片草，蚊子叮，虫子咬，三伏天老林里穿棉袄。天是房子地是床，吃饭没有午和晌。

晴天湿，雨天凉，哆哆嗦嗦直叫娘。搭火堆脸前热，晃得黑瞎子哭，晃得野狼叫，晃得老虎围着火堆跳，来了野猪群撵得鞋都掉。

放完山，真后悔，鞋没底，裤少腿，挖苗棒槌，换了半袋小米，搭上裤子还赔本。

（长白山采参歌谣传承人 朱明春讲述）

今天的吉林地区，人工养殖的人参占人参市场的绝大部分，但纯正的野山参以其特有的价值，依然占有一席之地。人参在满族的发展历史上有重要的作用，有清一代，对于人参的管控一直是重中之重，满族先民的采参习俗也流传至今，形成了独特的长白山采参文化。

人工栽培人参图

（4）采集山货

吉林地区盛产药材、野果和野菜。满族先民没有种植蔬菜的习惯，蔬菜来源主要依靠到山间田野采集。在不同的季节，有不同的采集对象。在春季采集的野菜主要有山葱、猫爪子、蕨菜、枪头菜、婆婆丁、苣荬菜等，这些野菜或直接食用，或腌制咸菜，清香可口，是满族人餐桌上必不可少的美味佳肴。端午节以后，还可以上山采高粱果，野玫瑰等。到了七月，就采小黄芪做茶。小黄芪别名小人参，具有极高的药用价值和保健功效。秋天，全家老小都会上山去采山珍，有山葡萄、木耳、蘑菇、松子、松茸等等。

松子营养价值非常高，是重要的采集对象。在清代，松子还是打牲乌拉总管衙门的进贡贡品之一。清康熙二十四年（1685），为了祭典皇族“九祖”佛堂之用，开始进贡松子。松子是名贵树种红松的种子，主要出产于吉林省长白山山脉及小兴安岭林区。清朝历代皇帝对松子都很青睐，据传嘉庆帝因为特别喜欢吃松

采集山货

红松松子

子，还曾特地要求打牲乌拉总管衙门每次进贡加送松子的数量。

新中国成立以后，随着人们生活水平的提高，蔬菜种植技术的发展，采集已经不再是满族人民的重要经济活动，但采集活动在民间始终存在，成为人民经济上的一种重要补充形式。

2. 农耕

满族作为渔猎民族，在很长的一段发展历程中，农业仅仅占其经济生活一个很小的部分。在今宁安市镜泊湖南端东岸发掘的莺歌岭遗址中，发掘出石制的磨盘、磨棒以及陶猪陶狗等。但渤海国灭亡之后，很长一段时间，满族先世又回归到了以渔猎游牧为主的生活。在辽代，农业在女真人社会生产中所占比重非常小。金代，通过征服、贸易等方式，女真人接触到中原的农耕文化，农业经济逐步发展成为社会经济主体。元代，南北经济文化交流方便频繁，东北女真族后裔的农耕技术已经十分纯熟。元代在北方设立的屯田，多雇佣女真人耕种。明代，内迁到中原地区的女真人早已融入汉族，《明代辽东档案汇编》中，就有多处海西女真向明朝购买铁铧的记录。

经过漫长的历史发展，东北满族部落的农业发展已经有了相当的进步。16世纪末，朝鲜官员申忠一在女真（主要是建州女真）居住的地方，看到“无墅不耕。至于山上，亦多开垦”。吉林境内的海西女真中的乌拉部、叶赫部、辉发部的农业都有较大发展。

耰 耙

一种满族人民为种谷物在地垄上播种和翻土的特殊工具，叫作“耰耙”，“样式很特别，似犁杖而又带有铧子，即爬犁无辕，在其上置横竖撑安装小犁，马拉即可在垄上耥沟撒种”，这种工具后来流传到整个东北满族地区，直到新中国成立之后，在吉林乌拉、叶赫旧地仍能看见。

清朝入关以后，对东北的农业依赖不再像从前那么重。同时，大批旗人举家南迁“从龙入关”也影响了农业的发展。清初，曾准许民人拥有自营地，宁古塔地区是最早出现民地的地区之一。清入关后，为了解决旗人生计问题，在吉林地区设立官庄和旗地。官庄一般分为兵屯官庄和旗屯官庄，生产粮食官用，而旗地是清朝拨给八旗兵丁的自耕地。

稗子

清朝中后期以后，关内流民涌入东北渐多，到清末，吉林地区的民户已经超越旗户。闯关东的流民多是山东、河北、河南等地的汉人，他们到来后大量开垦荒地，还带来了丰富的粮食品种，尤其是玉米、棉花、花生等作物的种植，对后来影响非常大。当时满族人的农业经营水平已经达到或接近关内汉人的经营水平。至清末，华北中原地区的全部农产品，在吉林地区都已引入并种植成功。此外，在吉林地区还培养出了一些享誉全国的独特农产品，比如乌拉街大白菜和独头紫皮蒜等。

民国期间，东北大部分时间处于日本帝国主义支持下的伪满洲国统治之下，土地兼并问题严重，很多满族旗人生活没有着落。抗日战争胜利之后，又经历了4年国内解放战争，吉林地区的农业发展没有实质的提高。新中国成立之后，历经土地改革，大批满族农民成了土地的真正主人，吉林农业有了飞速的发展。已经开始使用机械化耕种，并采取科学的轮作制耕种。20世

秋收

纪70年代以后，全省普遍实行家庭联产承包责任制，农民的积极性被充分调动起来，全省农业发展大踏步前进。今天吉林省已经成为中国一流的农业大省，满族同胞对吉林农业的辉煌发展做出了巨大的贡献。

二、精巧别致的手工业生产

在满族的社会发展进程中，渔猎和采集曾经在较长的历史时期是吉林满族最重要的经济活动。这也制约了吉林满族手工业的发展，造成了本地区手工业发展的局限。但清中期以后，吉林地区的满族在和汉族长期不断的交往中，不但学会了中原先进的手工业技术，还创造了很多特有的手工业产品，实现了手工业生产的阶段性飞跃。

1. 吉林地区满族手工业的发展

史书上关于东北早期的满族先民肃慎、勿吉和后来的挹娄人的手工业方面的记载，都是有关于箭矢的制作。而这些箭矢仅仅是对原始材料的初级改造，并未形成独立的手工业部门。唐时东北的渤海国是满族先民手工业发展的大踏步时期，当时渤海国和唐朝交往甚密，中原的很多工匠来到渤海国，带来了先进的手工业技术。渤海国灭亡后，这些手工业生产全部中断了。

辽金时期，手工业产品极其匮乏，金代女真人仍以兽皮作为衣服的主要原料。据传，每次宋金战争过后，战场上宋军士兵尸体无不赤裸，其衣物皆被金军掳走，金朝手工纺织产品的匮乏可见一斑。元明时期，东北女真人大部分时间处于蒙古和汉人的羁縻统治之下，同时，频繁的迁徙，也不利于手工业的发展，因此，所有手工业产品一般都是通过交换、互市获取。

明末建州女真崛起之后，努尔哈赤十分重视手工业的发展，积极引进各项手工业技术和人才，并对归附的汉人手工业者给予非常优厚的待遇。在清宫档案《满文老档》中就记录了一个工匠向努尔哈赤献琉璃瓦的事情。

《满文老档》所记录的工匠向努尔哈赤献琉璃瓦的事情

（天命六年）六月初七，海城城属地析木城治村人做三千五百一十只绿罐子送来。其日汗曰：谓东珠、金银为宝者，其算何宝？寒冷之时可当衣穿？饥饿之时可以食户乎？国家所养之贤良人，乃能识国中不识之物，造不能造之物之匠人，才是真宝也。

辉发部出土文物

通过优待政策，努尔哈赤网罗了大量的汉人工匠，也极大地鼓励了这些汉族手工业者发挥他们的特长，促进了后金手工业的整体发展。

皇太极时期，工匠的种类有冶铁、铸造、银器制作、制箭、制鞍、造船、织

叶赫部出土文物

布、瓷器制作等，行业齐全。每个牛录下都有若干名专职匠人，王公贵族家则匠役成群。冶金铸造方面也有长足进步，在很长一段时间内，明朝与女真互市中对铁器的输出是十分苛刻的，女真人仅能通过互市和交换得到少量铁质农具。女真人在摸索中，学会了将所得到的铁质农具加工成军事上需要的箭镞、铠甲等。为了突破明朝和朝鲜的铁器封锁，出于军事上的需求，女真人在努尔哈赤时期就开始自己开矿冶铁，炼金造银。皇太极时期，冶铁已经十分纯熟，天聪五年（1631），成功制造出“红衣大炮”，为后来满族入关一统天下奠定了基础。亲眼看到满族地区的手工业从无到有的朝鲜王曾感慨道：“贵国跨有全辽，麻、丝、布、帛土产既饶，服用自裕。”

清朝入关以后，视吉林地区为满族发祥之地，不允许民人私自进入，原来兴盛一时的各种手工业也逐渐衰落。清中期以后，吉林地区的旗人人口渐多，雍正四年（1726）开始设治。之后，吉林地区的手工业又逐渐兴盛起来。鸦片战争以后，大批关内流民进入吉林地界，促进了传统手工业的复苏以及新兴手工业的出现。清末时，吉林城和乌拉街均已成为关外著名城镇，这里商贾云集，手工业作坊随处可见。民国及伪满洲国时期，吉林地区手工业仍有缓慢发展。新中国成立之后，科技的进步和机械化的发展导致一部分手工业的衰落，但一些传统手工业还是顽强地保留了下来，直到今天。

2. 种类繁多的家庭手工业制品

随着和汉族的不断交往，吉林地区的满族不但学会了中原先进的手工业技术，还创造了很多特有的手工业产品，促进了手工业生产的发展。清中后期，吉林省内的几处城镇，手工业作坊遍及各处，到处是一派繁荣的景象。

造纸

民间流传东北四大怪之一——窗户纸糊在外，这里糊在外的窗户纸，就是东北地区特有的双抄纸，掸上苏子油，几年雨雪侵蚀都淋不坏。吉林地区有多处造纸坊，纸坊主要生产毛头纸，“因生产出的纸边有毛绒存在，故名毛头纸”。纸与满族民众的生活息息相关，除了做窗户纸外，还可以做衣服里面的衬布，供孩子们练习写字以及包装生活用品等。造纸业在吉林地区，尤其是乌拉街和吉林城等处曾盛极一时。中华人民共和国成立以后，由于科技的进步，现代造纸技术逐渐地取代了传统造纸，传统造纸坊才逐渐地衰落了。

榨油

满族榨油一般有大豆油、苏子油和麻子油，其中苏子油和麻子油一般普通满族家庭都能制作。大豆油主要在油作坊加工，作坊工匠将收来的大豆铺在火炕上踩，温度越高出油越多。这个过程被称作制豆踩子，豆踩子做好后再上榨。这些民间油坊直到20世纪末，在吉林各地满族村镇都能看见。

酱醋

酱醋是人们生活中的必备调料，吉林地区满族人多有制作清酱的习惯，这就是早期的酱油。其方法是将发酵好的大酱用豆腐包布将酱水淋出，然后熬制。酱醋房制作的酱醋是用豆饼混合花椒大料和糖色加入酱油曲子发酵，因满族人喜食清酱，因此酱醋作坊的酱油醋等主要是卖给闯关东过来的汉人。

冶铁

15世纪时，满族就有了可以回炉加工兵器或农具的“风炉”。清朝时，吉林地区到处都有钉马掌和做镰刀的铁匠铺子，还有一些稍大的专制犁铧五金的大作坊。一般前门挂马掌，后院生产耕地用的铁铧。这些铁匠铺子一直到新中国成立以后还可以看到。今天在一些偏远的满族村落，仍有人用传统方法钉马掌。

叶赫部出土的铁铧

制锡

锡比木料硬，比铜铁软，易加工，是满族人生活中不可或缺的重要金属。满族人祭祀用的蜡台、香筒是用铅锡制作的，而满族特色铜锅子（火锅）内部要用锡挂里子，温酒常用的酒壶也是锡制的。清末吉林地区的乌拉街和吉林城以及珲春等地，有很多锡匠铺，乌拉街南街刘千的锡铺是最出名的锡铺之一。

木制品加工

木材制品是最常见的生活用品，在吉林地区，有很多满族木匠，他们世代相传手艺。与汉族木匠不同的是，满族的木匠主要以打棺材为主。除了棺材以外，他们也制作日常用的家具。满族人结婚必备的两件家具是炕柜（也称疙瘩柜）和装首饰的匣子。这些家具多用松木制成，雕刻上漂亮的花纹，流传到今日，无不例外成为精美的民间收藏品。

满族家具

皮革加工

满族人喜爱穿皮革制品，尤其是貂皮、狐狸皮等兽皮。这既和满族人早期手工纺织业发展落后、互市交换的丝布较少有关，也和东北地区气候寒冷的自然条件有关。满族将加工皮革的皮匠分为“红皮、白皮两种，红皮也叫熏皮，用黄草和谷草将皮子熏成黄红色”，“白皮子是将鞣制好的皮子割成大小条，再用其做马具、缠皮鞭等”。满族皮匠鞣制皮革有一种专用的刮刀，圆

熟皮子工具

形，可实现转圈刮皮。早期的满族皮匠加工方法比较原始，使用肝脏夹在两块皮子中间使其发酵。后来使用碱水、皮硝、石灰水泡制。

吉林地区满族人民手工业的发展，大体和吉林地区的城镇发展脉络相一致。清初时，吉林地区以旗人为主，且皆为牲丁及其家属，人口数量较少，对手工业需求的有限决定了手工业的发展是缓慢的。清中后期，随着旗人丁口数量的增加，手工业发展较快。同治年间，大量汉人涌入，带来了关内先进的手工业技术。到清末时，吉林地区的手工业水平已不逊色于关内其他省份。

三、曲折发展的商品经济

吉林满族商品经济的历史也较为久远，可追溯到辽金时代，早期主要以兽皮、马匹与中原交换生活必需品。努尔哈赤及皇太极时期，还开拓了与东海女真及蒙古的贸易。清入关后，由于封禁政策，吉林地区商品经济发展长期处于停滞状态，直到清中期以后，才有所发展。

1. 新中国成立以前的商品经济状况

满族的商品经济发展历史悠久，早在辽代，东北地区的女真人就通过交换的方式获取短缺的生活物资。金代，其统治疆域一度南至黄河以北，境内商路畅通，产于东北的兽皮、珍珠、马匹源源不断地输入到中原地区。元明时期，女真人分散于东北各地，经济生活回归渔猎传统，但仍定期与中原进行交换互市。

明朝后期，以努尔哈赤为首领的建州女真和以叶赫部、乌拉部为代表的海西女真在东北迅速崛起。这时期的女真人非常重视发展商贸经济，他们利用掌握大量的明朝颁发的敕书，垄断女真与明朝的贸易大道，通过马市交易获取急需的生活及军事用品。吉林境内物产丰富，尤以东珠和人参最为有名。努尔哈赤统一女真地区后，积极进行对外商品交换，当时人参价格极高，努尔哈赤利用明人喜爱的人参貂皮来换取女真人急需的粮食、布匹、铁犁、耕牛等，为应对明朝时常关闭人参贸易带来的损失，努尔哈赤发明了将人参煮熟晒干的方法，获利极大。后金国建立之后，努尔哈赤秉承重视汉族工匠、女真贵族垄断贸易的经济方针，以保证后金国的经济发展。同时，努尔哈赤努力开拓对外贸易，除了与明朝继续马市贸易外，他还曾派商队前往东海女真地区寻求贸易交流。

皇太极时期，积极寻求对外商品交流，一方面两次征打朝鲜，朝鲜被迫同意在会宁互市；另一方面继续同明朝保持交往，与明朝边境城市互市，同时还用贸易拉拢和牵制皮岛的毛文龙。对于西部的蒙古，皇太极一改努尔哈赤时期经济贸易往来较少的局面，频繁与蒙古各部进行商品贸易，尤其在明朝经济封锁后金国时期，通过与蒙古的经济往来，后金国间接获得了明朝禁止贸易的产品。这段时期，对外贸易的商品多为吉林出产的土特产品，如东珠、貂皮、人参等，深受明朝和朝鲜的欢迎。

清朝入关后，在吉林地界设立打牲乌拉总管衙门，往日的对外以方物换布匹、农具的商品交换被打牲进贡所取代，过去的商品成为皇室的私产，不许民人染指。清初，大批满族人“从龙入关”，吉林地区满族人口锐减，以往用于商品交换的特产又被朝廷禁止买卖，因此，吉林地区商品经济发展长期处于停滞状态。康熙朝中叶以后，随着当地生口日繁，城镇发展，商品经济逐步复苏。乾隆后期以后，关内汉人流入吉林地区的数量增多，大量汉人的涌入客观上也促进了

长春街景

20世纪30年代梨树街景

商品经济的发展。嘉庆时期，吉林境内的吉林城、乌拉街等地的集市兴盛，关外来的商户络绎不绝。到了清末，吉林各地手工作坊林立，只乌拉街一地，鼎盛时期铺面就有300多家。在伊通州，宣统元年（1909），全州有商户300多家，经营绸缎的瑞升厚、经营杂货的广顺兴、经营粮栈的铭记号都是全省闻名的大商号。

民国及伪满时期，吉林工业较其他省份要落后，生活用品都为外来，因此商品经济一直比较兴盛。尤其中草药市场，在吉林省发展很快，其中人参、鹿茸、车前子等产品深受市场欢迎，直到今天，医药业依然是吉林省经济产业的重要部分。这一时期，因为东北地区境外帝国主义势力较大，尤其以日本和俄国为甚。外国商品的大量涌入，冲击了本国商品经济的发展。对此，本地商人多组织商会，保护自己的利益。总体上，这一时期的商品经济已经纳入全国市场，不仅仅局限于满族。

2. 新中国成立以后商品经济的发展

中华人民共和国成立之后，在党的民族区域自治政策感召下，吉林地区先后设立了1个满族自治县，9个满族乡镇，5个满族朝鲜族乡，1个朝鲜族满族乡。党和政府一切都以民族利益为主，吉林省满族民族经济发展迅速。国家政策的扶持，调动了满族人经商的热情，经商的意识也不断得到强化，大批满族人热情高涨地投入到商业活动中。吉林省内满族经济也迅速发展，经营范围涵盖金属化工、农业生产资料、日用工业品、副食产品等多个方面。尤其以特色满族食品类企业发展最快，服装、餐饮次之，此外，满族旅游经济也发展迅速。

（1）满族特色饮食、服饰企业

食品业是满族的优势行业，主要以经营满族特色餐饮和生产满族特色食品为主，如黏豆包、槽子糕、月饼等，遍布全省各地的大大小小的满族特色餐饮服务，如乌拉街的满族火锅，伊通的烧鸽子等，都各具特色，其中乌拉街的满族火锅已经申请吉林省省级非物质文化遗产，而伊通的烧鸽子也已经发展为省内连锁经营，并走向全国。在吉林省德惠市还出现了以专门经营豆包为业的“豆包屯”，为农民创收开拓了新路子。同时，一些企业也以满族特色食品为主打，形成知名商标，创出品牌。除了满族特色食品企业外，满族特有的民族服装企业也有长足发展。

惠丰林食品

满族特色服装“那玉”旗袍

（2）农副产品加工业

新中国成立之后，吉林省内对外出口贸易逐年增加，尤其农副产品出口居于主要地位。如大豆，是吉林省最早出口的农副产品，仅伊通县一地，新中国成立后每年就出口大豆近80吨。日本特别青睐吉林特产蕨菜，1972年中日建交之后，日本政府每年都要从吉林省进口大量蕨菜，1985年，伊通县出口日本蕨菜1 533吨。

（3）满族文化旅游业

旅游业作为新兴的行业，近年来发展愈来愈快。吉林省是满族的“龙兴之地”，满族文化遗存较多，民俗旅游资源丰富，吉林省充分利用这一有利条件，大力开发旅游业，推动了全省旅游业的发展。吉林省的满族旅游资源主要集中于伊通、叶赫、乌拉街、敦化等各满族聚居地。

吉林乌拉街雾凇

伊通满族自治县的清代皇家围场、伊巴丹戏楼等遗址清晰可辨。位于伊通镇南五千米的南山旅游风景区，是吉林省唯一的满族民俗宗教文化与自然山水融为一体的旅游风景区，年接待客流量达30万人次，是国家AAA级风景区。此外，伊通还保留着由采东珠发展而来满族传统体育项目——珍珠球，还有展示满族历史民俗的满族博物馆。这些使游客在感受历史氛围的同时，还充分了解了满族文化。

叶赫那拉城

四平市铁东区叶赫满族镇，素有三朝皇后（皇太极生母孝慈高皇后、清末慈禧太后、隆裕皇后）故里之称，也是清代著名词人纳兰性德的祖籍地。现存叶赫东城、西城和商坚府城3座王城遗址，附近边墙、封堆、烽台、老营房、驿站等遗迹至今仍有残存。1995年开发的叶赫影视城是以叶赫古城为参照，打造的集休闲、旅游、度假、文化传播于一体的影视基地，今天已成为旅游度假胜地。

另外，吉林市龙潭区乌拉街满族镇著名的古建筑群遗址，陈汉军张氏烧香习俗，昌邑区土城子乡打鱼楼村的满族鹰猎习俗，长春市九台区满族石氏、关氏、杨氏家族的萨满祭祀习俗，辉南县辉发城镇的辉发古城遗址等，都是极具特色的满族文化旅游资源。

第六章 和谐奋进的民族社会

一、集散于各地的满族人口

吉林是满族的重要发祥地，自清代以来，从满族入关、八旗驻防，到京旗还屯，汉族移民进入，吉林满族人口及其分布发生了较大变化。历经民国至今，更频繁的民族流动以及新的民族政策的实行，使得满族人口的变化更大，民族分布的范围也更广泛，分散性也较以往更突出。

1. 清代吉林人口与分布

清代，“在旗”与“在民”是社会成员分类的基本标准，所谓“不分满汉，但问旗民”就是指此而言。因此，在清代的人口统计中，依据旗人、民人的分类标准，对纳税的民人丁口和当差的八旗人丁的统计一直较为细致，尤其对民人人口的统计，资料较为全面，但却没有专门的民族人口统计。对满族人口的统计也不例外。

从现有相关资料看，吉林地区的清代满族人口日趋增长，自道光以来，

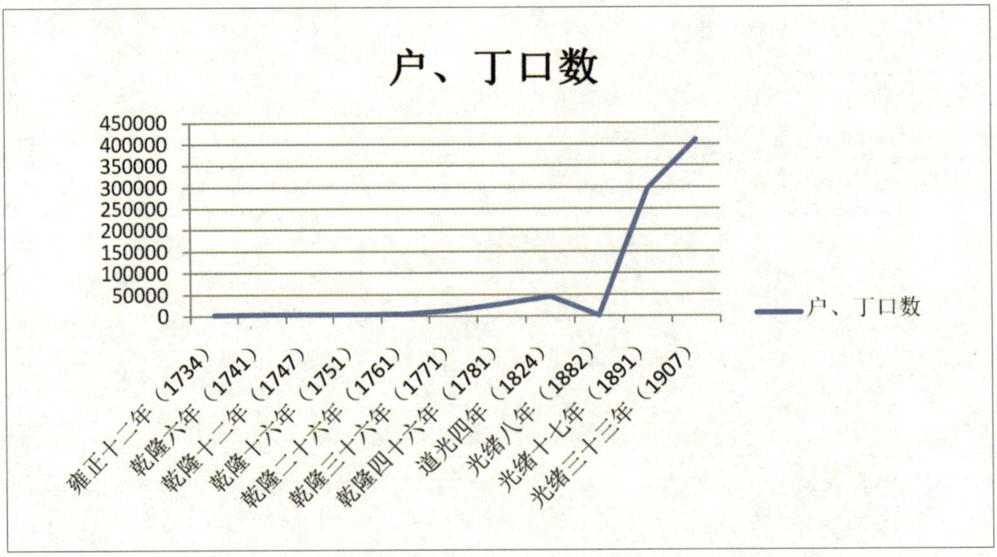

清末全省旗籍户口变化曲线图

吉林满族人口基本成几何平均数增长，人口数上升较快。但是由于清代满族人口基数相对较小，而同期正值民籍人口大量迁入时期，因此，与同期民籍人口相比，其增长速度还是远远落后的。据统计，同一时期，吉林的民籍人口到光绪三十三年（1907）已达515 178户，3 827 862丁口，已经接近旗籍人口的9倍。可见，在解除封禁以后，吉林已经成为重要的汉族移民迁入区，而满族作为本地世居民族，已经退居其次。

这些人口大多分布于清代吉林将军所辖各重要军事驻防地，以及柳条边墙内外各边门、台站与各官庄、围场等地，包括：吉林将军驻地吉林城，副都统治地宁古塔、伯都讷、三姓、阿勒楚喀、珲春，协领分驻之地乌拉、拉林、五常、双城，佐领分驻之地伊通河、额穆赫索罗，防御分驻之地巴彦鄂佛罗、伊通、赫尔苏、布尔图库等四边门。也就是今吉林市、珲春、九台、永吉、扶余（伯都讷）、伊通、四平等地，另有一部分则分布在今黑龙江宁安（宁古塔）、阿城（阿勒楚喀）、双城堡、拉林等一带地方。

上述旗人分布地区中，吉林府、绥芬厅、新城府、宾州府、延吉厅等区，即清初以来的吉林城、打牲乌拉总管衙门、伯都讷副都统、阿勒楚喀副都统、珲春副都统等军事重地，为旗人分布集中区，尤以吉林城为最。

2. 民国人口与分布

（1）民国吉林满族人口发展

民国以来，尤其日占时期，吉林地区成为伪满洲国政治中心区，日本人曾经进行过多次临时“国势”调查，对吉林地区各民族人口有较详细的统计。根据现有资料，1935年，吉林省共有满族人口861 154人；1940年，吉林省共有满族人口495 948人。与清末相比，1935年满族人口数增加了一倍多，而1940年反而比1935年减少了近一倍，只略高于清末满族人口数。这显然与辛亥革命以后，清朝统治被推翻、满人政治地位下降、旗人更改民族成分等因素直接相关。

（2）民国吉林满族人口分布

民国吉林满族人口仍主要分布于清代以来八旗驻防重地，即当时的吉林省、四平省、通化省和“间岛”省等地区，也就是今天的吉林、四平、通化、延边等地，其中以四平地区为最多，占当时满族总人口的47.11%，吉林地区次之，占当时满族总人口的36.66%。

1940年吉林满族人口地区分布统计表

单位：人

地区	人口总数	满族男女人口数		满族人口数	占满族人口比例%
		男	女		
吉林省	5 608 922	96 302	85 505	181 807	36.66%
“间岛省”	848 197	18 661	13 226	31 887	6.43%
“通化省”	982 387	23 333	16 989	40 322	8.13%
“四平省”	3 005 070	124 500	109 150	233 650	47.11%
“新京市”	555 009	5 062	3 220	8 282	1.67%
合计	10 999 585	267 858	228 090	495 948	100%

3. 新中国成立后人口及分布

（1）新中国成立后吉林满族人口发展

新中国成立后，自1953年以来，吉林省满族人口总体上呈上升趋势。期间，1961年和1972年出现负增长，这可能与天灾人祸直接相关。1980年至1990年，吉林省满族人口不断增加，尤其1982年至1990年，呈成倍增长之势。2000年以来，尤其是第六次全国人口普查以来，吉林省满族人口呈负增长趋势，这与吉林省人口发展的总趋势相一致。同时，满族人口占吉林省总人口比重不断降低，这与人口迁入、迁出，流动性增加直接相关，是新时期人口发展规律的正常表现。

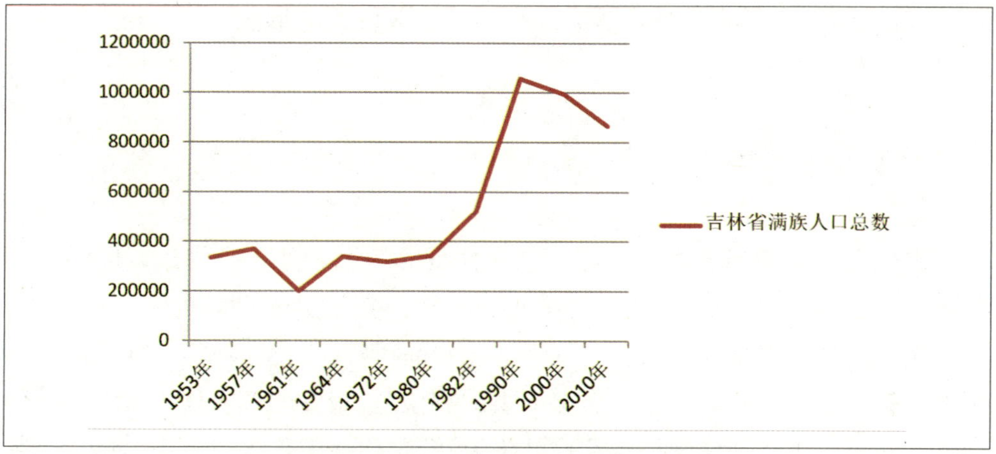

新中国成立后吉林省满族人口变化曲线表

（2）新中国成立后吉林省满族人口分布

新中国成立后，吉林省满族人口分布与民国时期相似，总体变化不大。新中国成立之初，吉林省满族人口主要分布于四平地区、吉林地区和通化地区。根据1953年的统计，四平地区占27.73%，吉林地区占25.71%，通化地区占21.76%，这3个地区满族人口占据了全省满族人口的大约70%，其余则分布在长春、白城及延边等地区。80年代以来，尽管受民族政策、迁移流动等因素的影响，各地区人口分布比例发生一定变化，但总体上，仍然以上述3个地区为主，以长春、白城及延边等地区为辅，其分布状况仍然体现了清代以来吉林地区满族人口分布的格局，体现了人口分布的历史延续性。

二、耐人寻味的满族姓氏

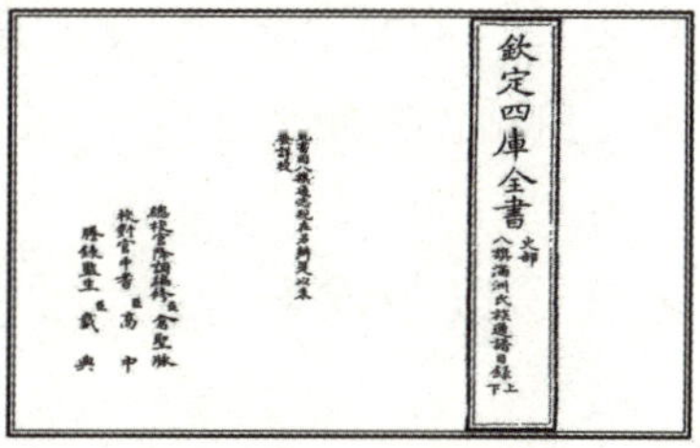

《钦定八旗满洲氏族通谱》

满语称姓氏为“哈拉”。吉林是满族的故乡，也是满族“哈拉”（hala）的产生地。据《皇朝通志·氏族略》载，清代有满族哈拉679个。而据《钦定八旗满洲氏族通谱》所记，如果满、蒙古、汉等旗人均统计在内，再外加一个爱新觉罗氏，旗人姓氏则达1 115个。这些姓氏有相当部分在吉林境内都有分布。这些满族姓氏的形成及分布与吉林的自然地理、人文社会息息相关。

1. 以地名为哈拉

吉林满族有相当多的姓氏源于其居住地的地名。如宁古塔氏，即因其家族世居宁古塔（今黑龙江省宁安市）而得姓，其后世子孙今为宁、刘二姓；佟佳氏，因其世居佟佳（家）江（今浑江）而得姓，“佟佳江，俗呼浑江，源出临江县三岔子，西南流至永聚保入辑安县境”。辑安即今吉林省集安市，佟佳江在《嘉庆重修一统志》中又作“佟家江”。佟佳氏后人今有佟、童、高三姓。马佳氏，因世居马佳河地方而以河流为姓，其后人今姓马。喜塔拉氏，世居长白山喜塔拉地方，因地为姓，其后人有齐、文、祝、图、赵五姓；齐佳氏，世居齐家营子、叶赫二地，现姓齐。呼尔哈氏，世居呼尔哈地方，其后裔姓呼；裕瑚鲁氏，世居裕瑚鲁、讷殷（今安图）、虎尔哈、长白山、乌拉街（吉林市乌拉街镇）、英额等地，其后裔今为王、胡、鲁三姓；海拉苏氏，世居海兰江（今延吉市）地方，汉姓海。

2. 以部名为哈拉

就是姓氏源于其祖先部族之名。《皇朝通志·氏族略》载，满族民众使用女真旧姓者有35个，其中部族居住地主要或部分在吉林境内者有完颜氏、尼玛察氏、赫舍里氏、穆颜氏、乌拉氏、纳喇氏等。其中满族瓜尔佳氏，是吉林满族诸哈拉中最大的以部族为氏者，为了彼此间互相区别，均以原部族的世居地自称，如原属苏完（今吉林桦甸市）的瓜尔佳氏，自称蒙文关；原居张广才岭以东的（今吉林省汪清县百草沟一带）的瓜尔佳氏，自称侯关等等。

3. 以图腾为哈拉

满族及其先民为多神信仰，因此，众多的动物、植物图腾崇拜物也逐渐成了满族哈拉中历史最古老的姓氏，其中尤以动物图腾为姓者居多，如萨克达氏，源出对萨克达（野猪）的崇拜；钮祜禄氏，源出女真人对“钮赫”（狼）的崇拜；乌雅氏，源于对“乌勒间”（家猪）的崇拜。

4. 以赐姓为哈拉

就是清代皇帝赐予的姓氏，而被赐者放弃原来的哈拉，使用皇帝所赐之姓为哈拉。满族最早的赐姓，产生于后金时代。满族统治者对臣下赐姓，主要有两种：其一，赐予皇家姓氏——爱新觉罗氏，如清初牛录额真（佐领）卓纳，本姓纳喇，本为叶赫人，后以军功被努尔哈赤赐姓爱新觉罗氏。其二，以显姓相赐，即赐予以满族八大姓（佟、关、索、马、齐、傅、那、郎）为首的满族著名姓氏。满洲八旗姓氏中有显姓38个，尤以“八大姓”为首，均为努尔哈赤姻亲或旧臣，旗籍均属上三旗，其族源多出自吉林。

5. 以改姓相称

满族以改易哈拉相称的情况有两种：一是因人口自然增长而分居改姓者，如满族伊尔根觉罗氏，因人口滋生族众繁衍，便分东西两寨而居，于是东寨改姓巴雅喇氏，西寨改姓蒙鄂罗氏。其二，因迁徙或加入其他部落而改姓。如额扎忌的先祖本姓纳喇氏，后其祖父图奋伦率族人迁居伊罕河阿林城（今吉林），因此改姓伊拉里氏；历史上扈伦四部之一的辉发部长拜音达里，其先祖原隶尼玛察部，姓伊克达里氏，后因拜音达里依附于扈伦部纳喇氏葛扬土默图，遂改称纳喇氏。

6. 以先祖名讳为哈拉

也称“随名姓”，就是子孙后人为了纪念某辈祖先的功德，以其名字的第一个字为姓氏。如清人西林觉罗氏四世祖那拜，曾任国子监祭酒，其子孙即以其名“那拜”的首字“那”字为姓，名曰那尔泰、那实、那津等，放弃了西林觉罗旧姓。清中期有满洲人名曰万显丰者，本姓舒穆禅氏，其后世子孙即以“万”字为姓。清代宁古塔瓜尔佳氏一族，在康熙年间有族人名“丰”，曾为高官，人称“丰大人”，其后裔遂改丰姓，而同宗族人则沿用老姓“瓜尔佳”(关)。

7. 以女真旧姓为哈拉

就是沿用辽金以来女真人的姓氏。如那木都鲁氏，金代以来世居绥芬、珲春、长白山、哈达、辽阳城等地，其后裔今为那、南等姓；赫书氏，金代以来为吉林乌拉（今吉林市）、叶赫等地原住民，其后裔现为赫、书二姓；哈萨喇氏，金代以来一直居于扶余（今松原市宁江区），其后裔现姓哈；沙达喇氏，金代以降世居辉发地方，其后裔现姓沙；索彻里氏，世居乌拉地方，其后人今姓索；尼奇里氏，原居乌拉，其后人今姓尼；高佳氏，世居吉林、乌拉两地，现用高姓等。

这些吉林满族原有姓氏，均为多音节的。清朝中后期满族人中流行改易汉姓后，这些姓氏大多变成了单音节结构，以至于当下部分满族同胞已不知自己家族的满族老姓了。

三、平等自治的民族地方

在党的民族政策下，吉林满族享受到了民族平等权利，并且在民族政治、经济、文化教育、生育政策等方面都得到了党的民族优惠政策的优遇与照顾。自20世纪80年代以来，吉林省相继设立了1个满族自治县，9个满族乡镇，5个满族朝鲜族乡，1个朝鲜族满族乡。分别是：伊通满族自治县；长春市九台区莽卡满族乡，公主岭市二十家子满族乡，公主岭市龙山满族乡，珲春市三家子满族乡，珲春市杨泡满族乡，永吉县金家满族乡，吉林市龙潭区大口钦满族镇，吉林市龙潭区乌拉街满族镇，四平市铁东区叶赫满族镇；吉林市昌邑区两家子满族朝鲜族乡，吉林市昌邑区土城子满族朝鲜族乡，辽源市东丰县三合满族朝鲜族乡，梅河口市小杨满族朝鲜族乡和通化县大泉源满族朝鲜族乡；通化市金斗朝鲜族满族乡。这些民族自治地方的成立，保证了满族的政治权利和经济文化的发展。吉林满族还成立各种社会组织，开展各种民族活动，积极参政议政。因此，吉林满族社会呈现出蓬勃发展的新局面。

1. 伊通满族自治县

伊通满族自治县1988年8月30日经国务院批准设立，是吉林省唯一一个满族自治县。位于吉林省中部，伊通河上游。辖区面积2 527.1平方公里，下辖15个乡镇，4个街道办事处，1个经济开发区，187个村，总人口45.67万。其中少数民族共有13个，分别是满族、回族、朝鲜族、蒙古族、锡伯族、瑶族、苗族、门巴族、白族、壮族、土家族、高山族、彝族，人口数19.2万人，占伊通满族自治县人口总数的40%。在少数民族人口中，满族人口18.4万，占全县人口总数的38.3%。

由于历史原因，伊通的满族人口主要相对集中分布于西苇镇和莫里青乡，其中西苇镇的红光、腰苇村，营城子镇的新宏、新山村以及伊通镇河北村东营子和马鞍山镇东凤村的达子营屯等地的满族人口占全镇满族总人口的

伊通满族自治县

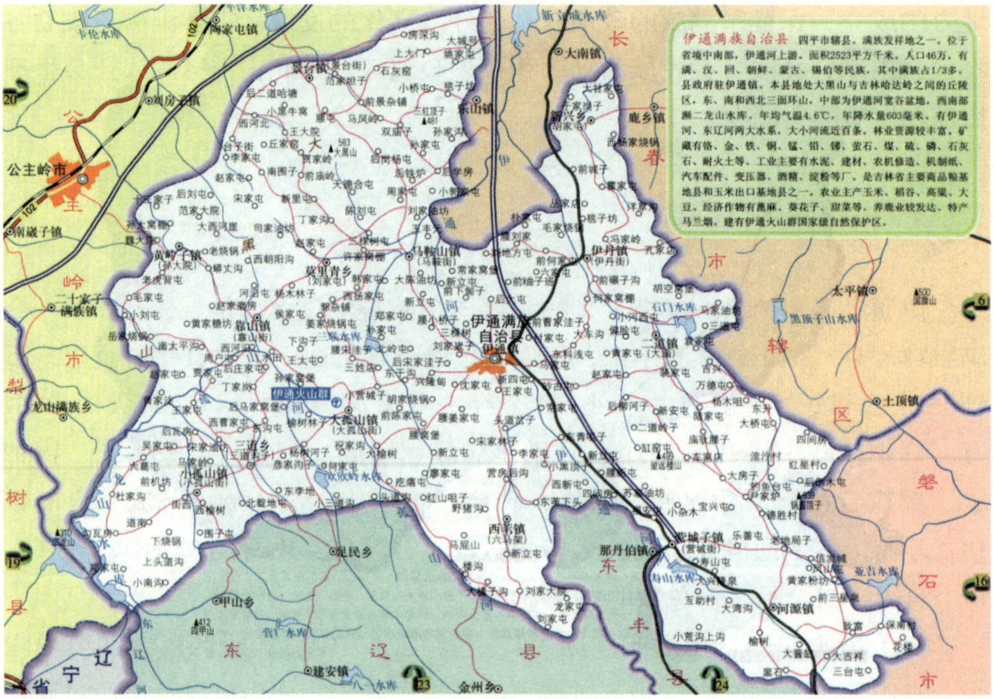

伊通满族自治县

67.2%。此外，其他乡镇也有满族人口分布，形成与汉族和其他少数民族杂居相处的格局。

（1）历史悠久、文化厚重

伊通是满族重要发祥地和聚居区之一，古称一秃、伊敦、伊屯，系满语音译，源于伊通河名，意为宏大、汹涌之河。早在4000多年前的肃慎时代，满族先世就在这里繁衍生息，创造出灿烂的文化。明末以来，女真崛起，伊通大部属海西女真叶赫部，东南一隅属辉发部。康熙二十年（1681），在伊通设蒙古霍罗、叶赫、赫尔苏、阿勒坦额墨勒、伊巴丹5处驿站。雍正六年（1728），设镶黄、正黄二旗公署，嘉庆十九年（1814）设伊通河分防巡检，隶属吉林府。随着人口的增加，光绪八年（1882），设伊通州，属吉林府。由于柳条边的废弃，围场开禁，人口日益增多，宣统元年（1909），伊通州升为直隶州。至宣统三年（1911）全州人口已达31万人，是吉林省所辖区域面积最大、人口最多的州县。

纪念满族颁金节380周年大会

民国二年（1913）三月，伊通撤州建县，称伊通县，隶属长春道，设县公署，置县知事。1931年九一八事变后，日本侵略者占领东北，翌年设伪伊通县公署，隶属伪吉林省。1945年“八一五”东北光复，中国共产党收复伊通，建立通阳县民主联合政府。1946年5月20日，国民党占领伊通，伊通县政府转移辉南县境内。1947年10月1日，伊通县解放，伊通县政府迁回伊通县城，隶属吉林省。新中国成立到20世纪80年代，伊通县先后为公主岭市和四平市所辖。1988年8月30日，经国务院批准，撤销伊通县，设立伊通满族自治县，隶属四平市。由于历史悠久，满族人口较多，因此，文化积淀厚重。伊通满族艺术团曾在上海世博会亮相，并多次闪耀在央视荧屏。国际萨满文化节、火山旅游节、二人转艺术节、珍珠球邀请赛等极具地方特色的文化活动，向国内外游人展示出一幅幅优美的民俗文化图景。

（2）山清水碧、人杰地灵

伊通地处长白山脉向松辽平原过渡的丘陵地带，东南部和西北部分属吉林哈达岭余脉和大黑山脉，多为连绵起伏的低山丘陵，占全县总面积的60.8%。中部、西部为伊通河与东辽河的冲积平原和侵蚀台地，地势大致由南向北倾斜。第三纪中新世（距今数百万年至二三千万年）火山喷发，形成庞大火山群。因其在伊通境内棋布全境、形似北斗，因此形成了闻名遐迩的

“七星山”，故伊通也有了七星福地之美誉。境内源远流长的伊通河纵贯南北，山水相间，堪称塞北江南。钟灵毓秀的环境，人杰地灵。清代至今，伊通武有将军，文有翰林。涌现出了一批以开国元勋巴奇兰，抗俄名将依克唐阿，爱国诗人穆木天，抗日名将李红光、李世超、姬兴周、王明贵等为代表的杰出人物、民族精英。

（3）吉林腹地、物华天宝

伊通地处吉林省中南部，毗邻省会长春，也是吉林省中南部四区十六市（县）通往省城的必经之地，区位优势明显。伊通交通网发达，辽源—伊通—长春铁路已经通车，填补了伊通不通火车的空白。长春到伊通的城际快速路已经建成，伊通将能够更好地接受长春的辐射带动。

伊通是全国重要的粮食、畜牧、林业基地，是农、副、土特产品出产大县，伊通大米、鹿产品、山野菜、土鸡蛋等系列绿色农产品，享誉省内外。伊通境内金属、非金属矿藏均有储藏。据最新一轮地质勘测，伊通盆地勘探潜力为石油5.3亿吨，天然气1 000亿立方米以上。

（4）正确决策、经济腾飞

改革开放以来，伊通社会经济获得了长足发展。工业、农业、城镇建设等各方面都不断进步。2013年以来，实施与长春融合发展、打造长春市最美卫星城和后花园的发展战略，开始建设“三大基地”，就是面向长春建设配套工业基地、绿色农产品供应基地、休闲度假旅游基地。

在这一正确思想指导下，伊通工业实力不断增强，农村各业稳健发展，和谐局面更加稳固，自身建设全面加强。

“十三五”期间，伊通将沿着新纪元的足迹，阔步前进，力争到2020年，全县地区生产总值突破300亿元，争取比“十二五”末翻一番。蓝图已经绘就，伊通这个蓬勃发展、充满活力与希望的民族自治县，正在以坚实的步伐向富民强县的目标迈进。

2. 满族乡镇

（1）长春市九台区莽卡满族乡

莽卡满族乡地处长吉交界，距长春市九台城区东南65公里，幅员210平方公里。全乡共12个村，其中有7个满族村，乡政府驻舍岭村。全乡总人口33 104人，少数民族人口11 997人，其中满族人口11 038人，占总人口的33%。莽卡满族乡历史悠久，自然条件优越，满族文化资源丰富，具有得天独厚的地理优势和文化优势。

莽卡满族乡历史悠久，满族文化积淀深厚。因为地处松花江边，地势平坦，土地肥沃，舟楫往来水路交通便利，因此，早在青铜时代，该区就有人类生活，文化遗址颇为丰富。坐落在松花江畔松江村的高丽战道遗址，康熙大帝东巡的古渡口，1983年被长春市政府列为重点文物保护单位。明清以来，莽卡一带地方一直是女真人及满族生活的重要区域。

由于满族长期聚居于此，因此，莽卡地区满族文化习俗浓厚，每逢农历龙、虎年或鼠年，当地的大家族，如佟、杨、石、韩各姓等，大都会举行满族萨满祭祀仪式，由萨满头戴神帽，身穿长布裙，腰系响铃，口唱神歌，击鼓而舞，祭祀先祖，赞颂祖先功德，修续家谱，歌颂太平。由此，也留下了许多满族萨满祭祀的传奇、传说。

莽卡满族乡

如关于石姓、敖姓萨满斗法的传说

相传几百年前，松花江岸边有两位大萨满，一位是石萨满，锡克特里氏，也就是石姓头位太爷崇吉德；另一位是敖萨满，鄂济氏，是石萨满的内弟。两位萨满神通广大，法力无边，各自领导一个家族，互相不服。决定水中斗法一决高下。于是敖萨满把单鼓撇在江里，立刻变成一只小船，敖姓萨满安安稳稳坐在船上，向对岸漂行。石萨满跳入水中，变成一条像船那么大的鱼，乘风破浪向敖萨满的船扑来，却被敖萨满事先准备好的鱼叉刺透了石萨满的脖颈，当场死亡。石萨满死后，当晚给妻子托梦，不要出灵，等七七四十九天，就可复活，可报一叉之仇。谁想妻子是敖姓萨满的姐姐，就把梦中之事告之于弟，其弟于是一不做二不休，趁夜黑人静，动员鄂济氏族人用柴火把石萨满的棺材烧了。谁料在焚烧的过程中，忽听一声巨响，只见大萨满崇吉德身穿神衣，头戴神帽，凌空而起飞升，化身为长白山神了。锡克特里哈拉从此留下“火炼金神”——也就是“跑火池”的祭祀习俗，传承至今。这一传说至今仍在松花江两岸满族人中流传。

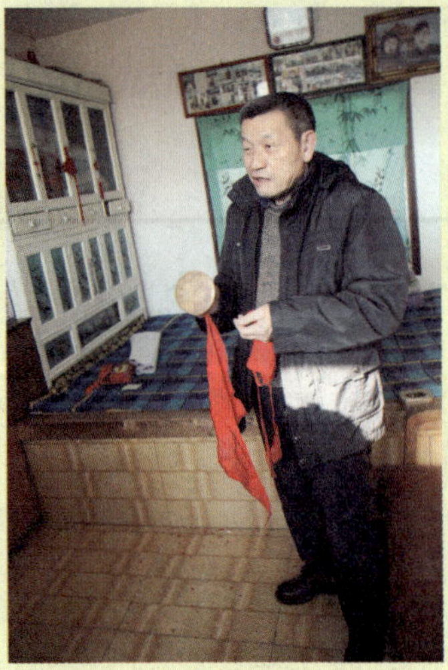

石文继

石文继讲述（九台石姓满族家族长）

莽卡满族乡自然条件优越。第二松花江从莽卡乡东部流过，依山傍水，水利资源、林业资源、矿产资源丰富，清代以来就是打牲乌拉总管衙门辖区的重要组成部分。农业以种植玉米、水稻、大豆为主，所生产的大米，以松花江水灌溉，粒大饱满，口感滑腻而闻名遐迩。所出产的黄豆，生长于油沙土，质量好，含油率高，销路广阔。

近年来，莽卡满族乡结合全区经济发展大局，坚持“绿色主导、外引内创、五业并举、萨满强乡”的发展战略，立足乡情，大力发展经济。依托自然资源、满族文化资源，开发生态农业休闲产业，修建农家院或特色山寨，创办农民文化艺术节展示满族特色文化，开展集休闲、生态、民俗于一体综合旅游，为镇域经济注入了新的增长点。

（2）吉林市龙潭区大口钦满族镇

大口钦满族镇位于吉林市东北部，距市区29公里，于1986年正式成为建制镇，1988年成立大口钦满族镇，2000年划至龙潭区管辖。大口钦满族镇地处长白山脉向松嫩平原的过渡地带，全镇辖12个行政村，40个自然屯，1个街道，辖区面积105.28平方公里。全镇现有人口共4 592户，22 303人。有汉、满、朝鲜、蒙古、回5个民族。其中满族人口8 109人，占总人口的37.5%。

由于地处山地向平原的过渡地带，属半山区，西部是平原，东部多山，东高西低，地形多样，山水相间，因此，物产丰富多样。交通网络四通八达，区位优势明显，为大口钦满族镇经济发展提供了广阔的空间。

大口钦满族镇矿产资源丰富。白黏土储量在东北地区是最大的，玄武岩、陶黏土资源储量丰富，市场潜力很大。

大口钦满族镇是一个传统的农业建制镇，农业条件良好，近年绿色蔬菜和果树栽植面积逐年扩大，农业生产现已初具工业化特色。

佟氏家族祭祖

大口钦满族镇工业基础良好。有大量国有土地以及充足的水电设施和可用于工业生产的公用工程。改革开放以来，镇区建设突飞猛进，交通、邮电、教育、卫生、文化等社会各项事业蓬勃发展，镇容镇貌焕然一新。

（3）吉林市龙潭区乌拉街满族镇

乌拉街满族镇（简称乌拉街镇）位于吉林市北30公里处，原隶属于永吉县，现划入吉林市龙潭区。全镇西临松花江，辖区面积188平方公里。全镇辖28个行政村，78个自然屯，1个街道。现全镇共有满族、汉族、朝鲜族、回族、蒙古族、锡伯族等8个少数民族。全镇共有人口64 624人，其中以满族为主的少数民族人口14 880人，占总人口的23%。

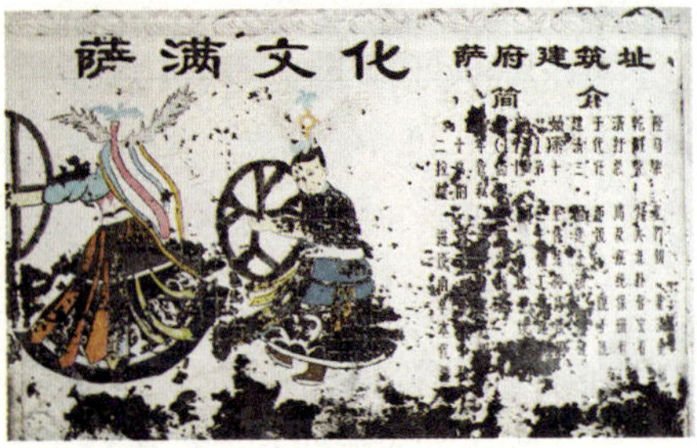

乌拉街满族镇

乌拉街满族镇濒第二松花江东侧，为第二松花江冲积平原起始段，南望龙潭山，北衔凤凰阁，西临松花江，东倚长白山众余脉，自然环境优越，是一块不可多得的风水宝地。小镇古为城，今为镇，是祖国东北松花江畔“资深”的关东文化名镇，有着深厚的历史文化底蕴。

据史籍记载，乌拉街古称“洪泥罗”城，早在5000年前的新石器时代，肃慎人就劳动、生息、繁衍在这个依山傍水的地方。在后来的历史进程中，随着政权的更迭，尽管这一地区隶属权不时变更，但一直作为东北各政权政治、军事、经济核心区而存在。其大海猛遗址出土文物2 800余件，其中还有全国最早的大豆化石。故历来都有“先有乌拉，后有吉林”之说。

乌拉街是满族重要发祥地之一，是明朝海西女真四部落——乌拉部所在地，是清朝打牲乌拉总管衙门所在地，是清朝四大贡品基地之一，贡品达2 400余种。著名的贡品有小米、东珠、鲟鳇鱼等。管理的贡山、贡河四至曾

张氏家族祭祖

达到鸭绿江、库页岛、大小兴安岭、日本海。乌拉街是康熙帝东巡目的地和驻跸地。康熙皇帝第一次东巡在乌拉街驻跸7天，在吉林至乌拉街的松花江航道上酝酿了著名的松花江放船歌，第二次东巡在乌拉街驻跸2天。

五千年的发展历史，留下了众多的文物遗迹、风物人情。保留了多处古文化遗址，一系列清代建筑群，浓郁纯正的满族风情，这些都是满族文化的活化石。

近年来，随着改革的不断深入，乌拉街经济文化建设突飞猛进，成效显著。农业特色突出，盛产水稻、玉米、小米，蔬菜的种植，已有200多年历史，是东北著名的蔬菜产区。该地区出产的紫皮蒜、大白菜和白小米久负盛名。

乌拉街满族镇矿产资源丰富，盛产沸石、珍珠岩、花岗岩、沙石、黏土等。工业生产主要发展农产品深加工业、矿产建材业、汽车配套业。同时，以丰富的旅游资源为基础，乌拉街镇定位于“满族民俗、乌拉史迹、雾凇冰雪、观光农业”，大力发展旅游业，开发了松花江及雾凇岛等沿江小岛，乌亚公路两侧万亩无公害蔬菜园区、满族民俗、明代乌拉古城、“四祠八亩三府一古街”等旅游项目。

以古镇深厚的历史底蕴为基础，乌拉街小城镇建设成绩显著，是国务院命名的“民族团结进步乡镇”、国家建设部命名的“全国500家小城镇建设试点单位”，国家科技部命名的“全国34家星火小城镇示范镇”、吉林省政府命名的“吉林省十强镇”、“吉林省乡镇工贸小区”、“省级民俗旅游区”以及“吉林市蔬菜基地”，2014年又被住建部确定为全国小城镇建设重点镇。乌拉街满族镇正在阔步向经济繁荣、社会文明、环境优美的，具有满族特色的新型城镇迈进。

（4）吉林市昌邑区两家子满族朝鲜族乡

两家子满族朝鲜族乡地处吉林市的西北部。东与昌邑区土城子满族乡毗邻，南与桦皮厂镇相接，西与左家镇为伴，北与长春市九台区沐石河镇、胡家乡交界。整个区域为吉林省东部长白山余脉区域，以丘陵坡地为主要地形特征，既有高山又有平原，植被丰茂。地势北高南低，丘陵、山地占80%以上。全乡下辖13个村，90个自然屯。共有5 584户，人口18 288人。有满族、蒙古族、回族、朝鲜族4个少数民族，其中满族人口4 611人，占全乡人口的25.2%。

两家子满族朝鲜族乡是以农业为主的农业乡，是以玉米为主产粮的玉米产区。

矿产资源开发上，主要有李树、温泉，3处石场及黑背金矿的开发。同时，由于农村经济的发展，商业网点遍布全乡。乡政府重视发展乡镇文化教育，大力推进文化三下乡，并加强乡村文化大院建设，丰富了农民的文化生活。随着农村改革的深入，农民改变了传统的经营方式。农产品加工业、蔬菜种植业、畜牧养殖业得到大力发展，农民收入大幅增加，两家子满族朝鲜族乡正在向小康社会迈进。

（5）吉林市昌邑区土城子满族朝鲜族乡

土城子满族朝鲜族乡位于吉林市昌邑区北部，距吉林市区35公里。东临松花江，与乌拉街镇隔江相望，北与长春市九台区接壤，南与昌邑区双吉街、孤店子镇相邻，西与桦皮厂镇、两家子乡毗邻。幅员96平方公里。全乡共有12个行政村，48个自然屯，113个社。土城子满族朝鲜族乡是多民族聚

土城子渔楼满族驯鹰文化

土城子渔楼满族驯鹰文化

居乡，全乡共有汉族、满族、朝鲜族、蒙古族、回族、壮族等6个民族，共有6 729户，人口20 900人。其中满族8 562人，占全乡总人口的40.9%。朝鲜族3 486人，占全乡总人口的16.7%。

土城子满族朝鲜族乡原为乌拉街公社的一部分，1961年由乌拉街公社析置为土城子公社隶永吉县；1984年初改为土城子乡；同年6月改设土城子满族朝鲜族乡。2000年划归吉林市昌邑区管辖。土城子满族朝鲜族乡东傍水，北靠山，西南则平原，鳌龙河自西向东穿乡而过。鳌龙河以南地势平坦，鳌龙河以北为半山区。全乡有耕地4 042公顷，林地1 600公顷。

全乡以农业为主，工业生产主要为农产品加工业。同时，以优势资源江沙为基础的水泥彩瓦生产，是近年重点发展企业。

土城子满族朝鲜族乡自然环境优美。雾凇岛位于昌邑区土城子乡境内，地处第二松花江中段，四面环水，主航道位于岛东侧，地理位置优越，自然景观古朴。寒冷的冬季，岛上雾凇雪柳枝条挂满，雾凇在冬季几乎每天都有，玲珑剔透，玉洁冰清，宏伟壮观，这里的江水长年不封冻，冬季有奇美的雾凇和数以万计的鸿雁集聚，夏季岛内鸟语花香，景色宜人，构成远近闻名的奇观。滑冰、滑雪、冬泳及富有满族风情的拉雪橇，更是独具趣味。依托良好的自然条件，土城子满族朝鲜族乡近年大力发展旅游业，带动了经济的发展。

（6）永吉县金家满族乡

金家满族乡位于永吉县境西部偏北距县城口前镇西南48公里处。全乡幅员160平方公里，下辖7个行政村，103个社，87个自然屯。全乡总人口21 880人，其中满族7 147人，占人口总数的32.7%，其他少数民族778人，占人口总数的3.55%，是以满、汉为主体的多民族杂居乡。

金家满族乡清代就是满族聚居区。新中国成立后，1986年，经省民政厅批准，成立金家满族乡人民政府。金家满族乡地理位置上两面环山，一面连水，地势东高西低，土质肥沃，气候独特，林地、水利及矿产资源丰富。

金家满族乡为农业乡，是一个典型的以生态农业开发建设为主的乡镇。该乡充分利用山地、河套、平原优势，大力发展多种经营，主要养殖黄牛、鹿、羊、猪等。利用储量丰富的河沙资源、石灰石和富铁矿，大力发展采石业、矿产加工业。近年，乡政府加大招商引资力度，汽车零部件厂、灯具零件厂、砖厂、木业加工厂等稳步创收。九年制义务教育全乡普及，医疗环境和医疗水平明显提高，卫生事业有了长足发展。乡政府还依托丰富的满族文化资源，开展雅俗共赏、寓教于乐，具有地方民族特色的文化娱乐活动，提高了人民的审美情趣，丰富了人民的文化生活，促进了和谐社会的建设。

（7）公主岭市二十家子满族镇

二十家子满族镇位于公主岭市西南部13公里处，距省城长春60公里，距四平市50公里。全镇有9个行政村，一个街道社区，56个自然屯，74个村民小组。全镇总户数7 460户，总人口22 977人。有汉、满、回、朝鲜、蒙古等5个民族，其中满族人口10 041人，占总人口的43.7%。

二十家子满族镇是公主岭市所属仅有的两个民族乡镇之一，东部毗邻满族发祥地之一的伊通满族自治县，南部的龙山乡传说是努尔哈赤的放马场，西部的叶赫镇是叶赫部的故乡。小镇最初只是一个小屯子，据说清顺治元年（1644）先后从山东、浙江一带迁入郭、张、王、范几姓人家近20户在此建屯，故取名二十家子。

二十家子满族镇经济基础较为薄弱，土地多为丘陵地，适合种植玉米。近年来，随着改革的不断深化，二十家子镇对产业结构进行了调整，开展了万亩中低产田改造项目，利用半山区的自然优势，大力发展畜牧业、旅游业，并大力组织劳务输出，大大推进了农牧业、旅游业的发展。目前，全镇文化、教育、卫生、计生、民族、宗教等各项社会事业稳步前进，社会稳定，治安状况良好。

二十家子满族镇山清水秀，鸟语花香，资源丰富。这个山清水秀的小镇流传着许多美丽的传说和动人的故事，其中康熙帝在此寻找还阳草的故事流传得最广、最动人。

康熙帝寻找还阳草的故事

传说，有一年，康熙帝路过赫尔苏门，赫尔苏门即今梨树县孟家岭镇赫尔苏门村，当时二十家子村归赫尔苏门村管辖，康熙帝听说当地有一种还阳草能起死回生，便派人寻找。但是这种草只有雄鹿认识，只有在母鹿生病时，雄鹿才能为母鹿去找草。于是，康熙帝命人装扮成生病的母鹿倒在地上。果真有一头雄鹿急忙跑到山上去找还阳草。当雄鹿找到还阳草准备给母鹿吃时，装扮母鹿的人急于拿到还阳草，竟把雄鹿吓跑了。眼看到手的还阳草丢了，结果康熙帝白跑一趟，失望而归。

（8）公主岭市龙山满族乡

龙山满族乡地处公主岭市最南端，二龙湖北岸，距公主岭市25公里。镇东与伊通县靠山镇为邻，西与梨树县孟家岭镇隔辽河相望，北与二十家子满族镇接壤。全乡沿二龙湖15余公里，沿辽河14公里，辖区面积146.32平方公里，水域、山地和林地面积占7/10，是典型的半山区。

龙山满族乡境内风光秀美，山水相映，交通便利，清代以来，就是满族聚居的地方。龙山满族乡1958年以前属伊通县，1958年2月划归怀德县，1961年成立和平人民公社，1983年4月改为和平乡，后又改名为龙山乡。现辖8个村，59个自然屯。

龙山满族乡地处半山区，矿产资源和野生动植物资源丰富。农作物盛产玉米和大豆。旅游资源主要有公主岭市最高峰鸡冠山、神仙洞，为市级文物保护遗址。近年，随着改革的不断深化，龙山满族乡大力招商引资，发展矿业加工、农产品加工业，并大力推进粮食生产及民族文化教育事业，民族社会经济文化不断进步。

（9）四平市铁东区叶赫满族镇

叶赫满族镇位于吉林、辽宁两省的结合部，南临辽宁省西丰县，东临铁东区石岭镇，北接四平市山门镇，西靠辽宁省开原市。1961年1月成立人民公社，1986年改为镇至今。2005年，经吉林省人民政府批准，将梨树县叶赫满族镇划归四平市铁东区管辖。镇辖东升村、英额堡村、营盘村等13个行政村，72个自然屯，总人口32 044人。辖区内，除汉族外，还有满族、回族、蒙古族、朝族、苗族等少数民族在这里繁衍生息，人口13 988人，占总人口43.7%。其中满族人口居多，占少数民族总人口98.2%。

叶赫满族镇是满族的重要发祥地之一，明代海西四部之叶赫部所在地，是清初孝慈高皇后、清末慈禧太后以及隆裕太后的祖籍地。在明代以来东北诸部族争夺中，随着以努尔哈赤为首的建州女真的不断强大，叶赫与建州部几经较量，终于1619年为建州所灭。

叶赫那拉城

叶赫满族镇地处长白山余脉，属大黑山

系，境内山清水秀，自然风光旖旎。叶赫河自东向西流经叶赫全境，一注碧水呈“S”形绕山而行，形成一个5 000亩宽阔水域的中型水库，湖岸林木丰美，怪石林立，素有“北方小三峡”之美称。国家AAA级旅游景区叶赫那拉城坐落于东城山上，巧夺天工的神奇自然景观绘就了一幅“静水环城霞淡淡，长松绕岭雾悠悠”的美丽画卷。

近年来，叶赫满族镇在铁东区委、区政府的领导下，坚持“旅游引领、融合发展、体制创新、全景叶赫”的总体发展思路，围绕“文化小镇、文明小镇、生态小镇、低碳小镇、清凉小镇”五镇建设，大力实施青山绿水工程、人居环境建设工程、乡村旅游富民工程，创建“东北最具特色的清朝皇后故乡”和“生态庄园”的品牌，把叶赫满族镇建设成为吉林省满族历史文化与民俗风情旅游中心，吉林省重要的旅游目的地。

叶赫满族镇曾四次被国务院评为“民族团结进步模范集体”，2003年又被中央精神文明建设指导委员会评为“全国创建精神文明村镇工作先进村镇”，是吉林省社会主义新农村建设试点镇。2008年被国家建设部批准为中国历史文化名镇。

（10）辽源市东丰县三合满族朝鲜族乡

东丰县三合满族朝鲜族乡位于东丰县城东南部17公里处，人民政府驻蚂蚁村。全乡辖16个村，145个村民小组。面积167平方公里，总户数7 041户，总人口26 472人。有汉、满、朝鲜、蒙古4个民族，是个大杂居小聚居的民族乡。全乡满族人口5 697人，占总人口数21.5%；朝鲜族980人，占总人口数3.7%。

东丰县三合满族朝鲜族乡

东丰县三合满族朝鲜族乡在清朝时期为禁垦地，属盛京围场斋勒克围，隶大沙河台。光绪二十年（1894）开始开发，逐步形成村落。新中国成立后，全县最初分9区，三合乡隶属第五区，后几经裁并，1996年定名为三合满族朝鲜族乡，2005年合并原五道岗乡，并迁乡政府驻地至原五道岗乡。

三合满族朝鲜族乡地处长白山余脉，地势西高东低，地形以丘陵为主，属东丰县的九河下梢。是一个“五山一水四分田”的农业乡。

多年来，三合乡重视落实惠农政策，在种植业上打造四大特色产业：特种玉米、绿色水稻、无公害蔬菜和园艺特产业。同时，依托国内和国外两个市场，积极组织劳务输出。

三合乡创新招商引资方式方法，对于已落户的项目加大扶持力度，不断优化经济发展软环境。同时，重视本地商业发展。

当前，三合乡确立了“冬梅之窗，如画小镇，都会田园，创意三合”的小城镇规划定位，对区域功能整体布局。用农民画描绘和引领农民梦，规划建设莲河生态湿地、皇家围场、玉米迷宫、水稻农民画、水田冬季冰雪游乐场等，规划打造具有文化底蕴的田园城镇。一个现代的新型小镇正在蓬勃兴起。

（11）梅河口市小杨满族朝鲜族乡

小杨满族朝鲜族乡位于梅河口市西南部，距梅河口市38公里。幅员141.8平方公里，共辖大杨、古城、景兴等17个村，4 279户，16 139人。其中朝鲜族1 295人，占全乡总人口数的8%；满族1 899人，占全乡总人口数的11.8%。

小杨满族朝鲜族乡临近梅河口市区，地处西部出入市区的咽喉，区内交通便捷，具有得天独厚的区位优势。

专题新闻
调整产业结构 发展优势产业 实行规模经营 提高经济效益
小杨乡依托资源加快发展优势产业
科学布局 抓好重点 优质高效
小杨乡经济发展取得新成就
小杨乡大力发展现代农业

小杨满族朝鲜族乡

小杨满族朝鲜族乡依托自然及地理优势，大力发展种植业、养殖业。近年来，更结合全区经济发展大局，立足乡情，依托地域优势，加快经济园区建设。通过大力招商引资，全乡产业结构日趋合理，米业仓储及健康食品加工业日益扩大。文教、卫生、体育各方面稳定发展，道路、通信、供水、电脑网络、有线电视、水泥路等基础设施齐全，乡村建设功能日益完善。梅河口市小杨满族朝鲜族乡物产丰富，人杰地灵，百姓和谐，社会稳定，经济发展，正在以良好的势头向现代化城镇迈进。

（12）通化县大泉源满族朝鲜族乡

大泉源满族朝鲜族乡位于通化县的西南部，距县城18公里。全乡总面积340.1平方公里。下辖13个村，总人口4 264户，14 678人。其中农业人口12 405人，非农业人口2 273人。朝鲜族人口4 368人，占全乡总人口数的29.8%。满族人口3 106人，占全乡总人口数的21.2%。

大泉源满族朝鲜族乡地处长白山区，因一汪泉水而得名，因盛产美酒而驰名。这里土质肥沃，气候温和，雨量充沛，自然环境优越。鹤大公路从北部经乡政府驻地穿过，交通条件便利。

乡党委和政府重视经济建设，大力发展生态效益农业，推广经济作物种植。同时，利用优质、丰富的地下水资源发展酿酒业。驰名省内外的“大泉源”白酒就是用优质矿泉水酿制而成。

大泉源满族朝鲜族乡

大泉源酒业宝泉涌酒坊

位于通化县大泉源乡大泉源村，是通化大泉源酒业的前身。始建于清光绪十年(1884)，是全县最早的酿酒企业。现有古井1口，烧锅遗址1处，发酵酵池1处，百年以上木制酒海52个，占地面积400平方米，2005年被通化县人民政府公布为县级保护单位，2007年5月被吉林省政府公布为省级保护单位。

大泉源酒业

大泉源满族朝鲜族乡依托经济及地域优势，大力发展特色产业，开发特色经济园区并利用优越的生态环境大力开发旅游。到2013年末，全乡农林牧渔业总产值达19 976万元，人均收入9 349元。近几年，通过加大招商引资力度，加强小城镇建设，大泉源乡的基础设施得到了极大改善，已初步建设成为环境优美、经济富足、社会和谐的小镇。

(13) 通化市金斗朝鲜族满族乡

金斗朝鲜族满族乡位于通化县中部，乡驻地距县城10公里。东南与快大茂镇相连，西与英额布镇接壤，北与四棚乡、二密镇交界。乡政府驻金斗。辖区面积110.4平方公里。全乡下辖金斗、金星、广信等5个行政村，36个居民组，23个自然屯。其中金星村与广信村是朝鲜族村。全乡共有户数2 121户，人口7 448人。其中朝鲜族1 570人，占全乡总人口数的21%；满族956人，占全乡总人口数的12.8%。

金斗朝鲜族满族乡是全县仅有的两个少数民族乡之一，也是15个乡镇中较小的乡镇。新中国成立后，1961年成立金斗公社，1983年改金斗朝鲜族满族乡。金斗朝鲜族满族乡地处山区，山林资源、矿产资源十分丰富。通化至沈阳国道穿境而过，交通条件十分便利。

金斗朝鲜族满族乡

乡党委和政府重视农业产业结构调整，在进一步抓好新农村建设工作的同时，着重开展了招商引资和农村基础设施建设等工作，使得当地各项事业稳步发展。2014年，该乡荣获国务院授予的“全国民族团结进步模范集体”称号。

在改革的新形势下，金斗朝鲜族满族乡在不断推动招商引资等工作的同时，大力推动土地流转，发展特色产业，促进了经济产值的大幅增长。2013年，全乡农民人均收入已达10 870元。目前，金斗朝鲜族满族乡经济发展软环境日益优化，农村各项改革惠农政策得到深化落实，社会各项事业呈现出全面发展态势。

（14）珲春市三家子满族乡

珲春市三家子满族乡地处珲春市西南部平原，距珲春市区5公里处。西部隔图们江与朝鲜民主主义人民共和国相望，沙陀子国家二级口岸与朝鲜相通，边境线长16.5公里；东部、北部与英安镇毗邻；南部隔珲春河与板石镇相邻。全乡辖区面积59平方公里。乡政府所在地立新村。现辖8个行政村，74个村民小组，总户数2 816户，总人口8 754人。其中汉族2 894人，占33%；朝鲜族3 217人，占37.4%；满族2 427人，占27.7%，是多民族共居地区。

满乡儿童

三家子满族乡历史悠久，自

三家子秧歌队

古以来就是多民族居住区。辽金时期，女真人生活于此，清代以来是满族聚居区，为珲春副都统衙门辖区，因此，有八连城、斐优城和温特布赫城多处著名历史遗迹。新中国成立初期，三家子满族乡为珲春县兴仁区（第五区）；后几经撤并，1983年成立三家子乡；1985年9月，由吉林省人民政府批准，成立三家子满族乡。

三家子满族乡位于图们江与珲春河的冲积平原上，地势东高西低，较为平坦，土壤肥沃，是农业型乡镇，是珲春市主要产粮区。经济作物种类繁多，矿产资源丰富，煤炭、铜、铁、硅等贮藏量均较大。濒临图们江，临近日本海，车大人沟河流经三家子村、东岗子村汇入珲春河，珲春河、图们江流经辖区长度分别为11.3公里和14公里，水资源极为丰富。

近年以来，三家子满族乡经济和社会各项事业快速发展。农业工作方面，围绕建设社会主义新农村目标，大力推广科技兴农战略，粮食生产超额完成任务，蔬菜种植面积扩大，农业技术提高。基础设施方面，先后投入300万元集中整治环境卫生，打造了三家子村、立新村两个新农村建设示范村。特色产业方面，着力打造土地集约化经营模式，扶持、成立农业合作组织，优化产业结构，大力发展特色农业。城乡建设方面，扎实推进新农村示范点建设，逐步扩大绿化覆盖面，从根本上改善人居生态环境，使得城乡面貌不断改善。一个美丽富庶的新型满族乡镇已经展现在世人面前。

（15）珲春市杨泡满族乡

杨泡满族乡位于珲春市东南部，距珲春市15公里。西北隔珲春河，东南越松林山、烟筒砬子山脉与哈达门乡连接，南到黑山神仙顶子与俄罗斯接壤，西南自马川子乡马新村至神仙顶子与马川子为邻。乡驻地杨木林子村。全乡边境总长19公里，辖境面积226.7平方公里。下辖泡子沿、杨木林子、东阿拉等7个行政村，38个村民小组。有居民1 307户，3 830人。其中汉族人口1 171人，占总人口的30.6%；满族1 195人，占总人口的31.2%；朝鲜族1 451人，占总人口的37.9%。

杨泡满族乡

清代以来，杨泡满族乡一直是满族聚居区。清宣统二年（1910）设珲春厅时，杨泡满族乡称崇礼乡，乡驻地马川子。新中国成立后，1950年，又改称珲春县第二区。之后几经改并，1961年成立杨泡公社。1984年9月1日，经吉林省人民政府批准，成立杨泡满族乡。由于历史悠久，杨泡满族乡历史遗迹丰富，有石器时代、渤海时期、辽金时期、明清时期的大量遗迹。此外，该区还有大量红色旅游纪念地，如烟筒砬子抗日革命根据地。

杨泡满族乡地形多样，林地资源丰富，草场充沛。矿资源也储量可观，以煤炭、白灰石、花岗岩为优。

杨泡满族乡是农业乡，主要粮食作物为水稻、玉米。工业主要为以乡域农产品为主要生产原料的农产品加工业，基本形成了农业产业化。近年，该乡畜牧业发展较快，新农村建设成绩显著，全乡开展“新居工程”，砖瓦房拥有率达到90%以上。实现了手机百姓普及化，有线电视村村通，小公共汽车交通各村网络化。

目前，全乡各项建设有序进行，民主法制步入正规化，并开展了民族特色的文化设施、文化资料整理工作，充实和完善了杨泡满族乡的满族特色的文化建设。一个社会安定和谐，生活不断富裕，人民安居乐业，面貌焕然一新的杨泡满族乡正在阔步前进。

3. 散居地区情况

吉林是满族的世居地，除了上述满族自治县及乡镇，在吉林省境内传统满族聚居区，如敦化、辉南等地，也有一定数量的满族人口分布。如辉南县辉发城镇，就是非满族乡镇的重要的满族聚居区。

辉发城镇位于辉南县东北部，距县城朝阳镇22公里。全镇共辖15个村、55个自然屯。总户数6 312户，总人口24 622人。其中满族人口17 500人，占总人口的71.1%。辉发城镇自然环境优越，资源丰富。全镇现有耕地55 946亩，林地5 345公顷，林木总蓄积量189 022立方米。辉发河绕镇流过，水资源、林业资源丰富。明清以来，这里就是女真、满族人口聚居地区，海西四部之辉发部就位于镇内。因此，该镇历史悠久，满族文化资源丰厚。2006年6月24日，“辉发城”被国务院公布成为第六批全国重点文物保护单位。2015年，该镇被省文明委授予“全省文明镇”荣誉称号。

辉发城镇充分发挥资源生态优势，不断整合种植、养殖产业资源，现特色产业格局已初步建立，形成了绿色有机产业带等覆盖全镇的5个产业带。这些产业带的建设，推动了该镇特色产业集群发展。

辉发城镇将“以建设满族文化特色镇为目标，以全面实施绿色转型发展为主线，以富镇裕民为重心，以镇域城镇化建设为突破”，将作为实施辉南县“长白山第一门户”发展战略的先行者，大踏步地向着现代特色文化小镇迈进。

辉发古城

四、各具特色的社会团体

吉林省是满族发祥地，满族人口众多，满族文化资源丰富，满族文化的挖掘、保护、整理与研究一直得到广大满族同胞及社会各界的关注，先后成立了一批与满族文化保护研究相关的社会组织、文化团体。目前，吉林省内这样的文化团体大致有十余家，举办的相关文化活动较为活跃。

吉林省满族说部学会

学会2011年8月9日成立。现有会员80余人。旨在推动满族说部的传承和普及，开展满族说部内容研究，以及说部传承演进过程和演进关系的研究，并致力于推广和普及说部的各项研究成果。同时，组织学术考察、抢救满族文化，开展与该领域相关机构、院校的交流合作，建立资源信息库。说部学会成立至今，组织出版了《满族说部研究丛书》，编辑出版《满族说部学会通讯》5期，开展满族说部田野调查多次。学会的成立为促进满族文化的发掘和整理，为我省文化事业的发展发挥了积极的作用。

吉林省满族说部学会

四平市纳兰性德研究会

2012年7月15日成立，隶属于四平市铁东区文联。现有会员50余人。学会的宗旨是研究、发掘纳兰性德的思想精神、文学成就、历史影响和现代价值，把宝贵的优秀文化遗产和历史资源融入先进文化中，促进社会的和谐进

四平市纳兰性德研究会

步。学会自成立以来，组织编纂了会刊《纳兰性德研究》，定期组织学术活动，在挖掘、整理纳兰性德文献资料，发表论文著作，推动清代文学、诗词及满族历史、清史研究方面发挥了重要作用。

吉林市满族联谊会

学会的主要宗旨是加强吉林市满族各界的联系，通过开展各种联谊活动，加强交流、合作，组织开展吉林地区满族文化调查研究、非物质文化遗产保护及产业开发，促进当地社会的进步与发展。

吉林市满族联谊会

长春市满族文化促进会

该团体成立于2015年10月17日。致力于向满族同胞宣传党的民族政策，充分展示民族特色文化和良好的精神风貌，推动各民族群众相互了解、相互学习、相互借鉴、相互欣赏、相互尊重和包容，为推进全省各民族共同团结进步、共同繁荣及民族文化发展发挥了积极作用。

此外，东北师范大学满文书法联谊会、吉林省满族文化经济促进会、长春满族颁金节庆典委员会、吉林市满族企业家协会等多个民间满族社会团体，他们在吉林省满族的发展中都起到了十分重要的作用。

第七章

不断发展的民族教育

一、清代八旗官私教育

入关之后清朝统治者不仅重视从政治、军事方面考虑对关内各民族的统治，同时也开始重视对本部族的教育问题。在八旗官兵驻扎地，多设有八旗官学或八旗义学，由八旗衙署管理。吉林将军衙门作为吉林地区最高权力机构，直接管辖辖区的教育。由于清政府长期在吉林实行封禁政策，因此吉林地区设学治教时间较晚，旗人大都以习国语和骑射为重中之重，出身入仕，不凭科第。当时旗人的教育形式主要有四种：官学、义学、书院、私塾。

1. 官学

清代吉林满族学校教育在一定程度上与同时代黑龙江满族教育相同，都是以官学教育为起点的，且都以国语（清语）骑射为重。吉林自康熙三十二年（1693）至光绪二十年（1894）共建官学11所。据《吉林外纪》记载，官学生都在二月开始上学，除个别的，如吉林蒙古官学外，课程设置都为清文、骑射等。将军富俊嗣任吉林，左右翼二学增添学习清文翻译课程。清代吉林满族官学主要11处，择要介绍如下。

（1）吉林左右翼官学

其设于康熙三十二年（1693），地点位于吉林文庙西南半里许，是吉林最早的官学机构。教学内容主要为国语骑射。当时的创建资金主要依靠八旗官兵义捐。校舍共14间，其中左翼四旗（镶黄、正白、镶白、正蓝）修校舍8间，右翼四旗（正黄、正红、镶红、镶蓝）修建校舍6间。左右翼每翼教习4人，由各佐领下领催、披甲内选送。每佐领下挑选官学学生4名，各佐领下旗人官兵子弟为其收录对象，生员年龄大都在10岁至18岁之间。

学习内容上，国语和骑射为其规定必学科目。教习由协领衙门委派担任。嘉庆四年（1799）以后，改由吉林将军检验官学学生功课情况，合格者才会被送到附近的考棚参加“岁考”和“科考”，以及更高一级的“乡试”，以考取功名。据《吉林通志》载，该官学乾隆七年（1742）修葺，三十一年（1766）又重修；嘉庆十一年（1806）遇灾重修；光绪七年（1881）经将军铭安奏准，增添满文教习各3人。

（2）三姓左右翼官学

据《吉林通志》载，雍正五年（1727），由给事中王锦奏，在三姓城内东南隅魁星楼北旧文庙内设三姓左右翼官学。有学舍东西厢各3间，共6间。八旗每佐领下每年选送官学生4人入学。曾于乾隆十七年（1752）、乾隆二十六年（1761）重修。雍正五年（1727）设无品级满学官一人，十年（1732）又增设无品级满学官一人。同治八年（1869）设总教习一人，由无品级笔帖式内选取任用，同时添加委派满教习2人。从光绪元年（1875）起，添设满教习4人，由三姓附生内挑选补充。此外，光绪元年（1875）还改修东西厢学舍各5间，东斋读满文，西斋读汉文。

（3）吉林蒙古官学

乾隆六年（1741）设于吉林乌拉城内文庙西南半里许。学舍共3间，由蒙古八旗兵营建。乾隆五十八年（1793）重修。学生无定额，习蒙文骑射。由蒙古翻译笔帖式充当教习。

（4）吉林翻译官学

光绪九年（1883）吉林将军铭安奏请，于吉林乌拉城内试院西设立。光绪十七年（1891）由吉林将军长顺建。学舍共7间。每旗选送官学生3人入学，十旗人数共30人。教习2人，由京师奏请调用。学满文对汉文的翻译。据文献载，吉林翻译官学以宾州、双城二厅烧商酒税及票课为经费。

2. 义学

吉林义学始设于雍正六年（1728），兼收旗民，培育满汉孤寒子弟。据《吉林省志》记载，从雍正年间到光绪末年为止，吉林先后设义学12所，除宁古塔汉义学和乌拉汉义学是明显的汉义学外，其余10所义学也是清代吉林满族受教育的场所，择要介绍如下。

（1）吉林府义学

雍正六年（1728）设于吉林城内东南隅，由知州杜薰捐俸创建永吉州义学，培育满汉孤寒子弟。光绪八年（1882），永吉州升为吉林府，永吉州义学改称吉林府义学。拨给伊通河南围荒纳租地9 000余垧，以其所得租银每年1 684余两，作为常年经费。

光绪九年（1883）于吉林城内东关由吉林将军铭安、吉林道顾肇熙建吉林府义学一所5斋。又于吉林城内北关及西关凭民房改建校舍，建吉林府义学各一所。

光绪十一年（1885）由吉林将军希元命士绅姚福升、凌云在河南街中部购地陆续兴修扩建学舍。所建24斋中，蒙学22斋，每斋学生12名；经学2斋，每斋学生10名。兼收旗民，培植满汉孤寒子弟。有校舍51间，取田租产额为费。

（2）敦化县义学

据《吉林省志》载，建于敦化县城文庙西。其余不详。

义学学习的内容，据《吉林省志》载，蒙童从识字开始，先依次诵读《三字经》《百家姓》《千家诗》《千字文》等；之后再读《孟子》《论语》《大学》《中庸》等书；更高程度的讲释《诗经》《书经》《易经》《礼记》《春秋左氏传》等经典。诵读经书后再授以《文章规范》《古文词类纂》等文法内容；之后可始以中国时事、清朝政务命题做文章，其优秀者可参加儒学考试步入仕途。光绪三十一年（1905）废除科举、兴办学堂之后，义学被改成小学堂。

3. 书院

自顺治九年（1652）至雍正十一年（1733）的90年间，清政府对书院采取抑制政策。雍正十一年（1733）解除禁令后，书院遂又变为科举应试选拔人才的重要途径。但是，吉林并没有产生类似关内的书院，直到嘉庆十九年（1814），吉林始有书院建立。当时建立的各书院多为官绅捐建，具有半官半私的性质。自嘉庆十九年（1814）书院设立，到清末废除科举兴建学堂，吉林地区共建书院11所，其中与满族直接相关的有2所。

(1) 白山书院

白山书院匾额

嘉庆十九年（1814）由吉林将军富俊和副都统松霖买民居为学舍，于吉林参局街首设立。学舍共为5间。据《吉林外纪》记载，嘉庆十九年（1814），原任吏部尚书铁保，适戍吉林，榜以今名。后将军富俊以其地近市哗嚣，改修宾馆，即舍后修学舍5间，榜以故额。光绪七年（1881）由吉林将军铭安奏准，先后委任教习3人，汉教习1人，教给十旗子弟汉文。光绪三十一年（1905）清廷明令废除科举后，白山书院改为小学堂。

(2) 珲春昌明书院

光绪十七年（1891）由珲春副都统恩泽于珲春城北建学舍5间，创立珲春昌明书院。教育内容从启蒙教育开始，其学舍东西厢各5间，用来教授八旗子弟。西厢5间归满洲，东厢5间归汉军。据《吉林省志》记载，其课程设置为前3年学《百家姓》《三字经》，后4年学诗书、易、礼、春秋、左传等内容。光绪二十六年（1900）俄军入侵时被焚。

4. 私塾

从现有文献记载看，清代在吉林地区，私塾教育并不普遍。据《吉林省志》"教育志"记载，当时在吉林地区只有一处私塾。即光绪二十年（1894），九台县（当时隶属永吉）三道村满族创设的私塾。可见，私塾教育在清代吉林教育中发挥的作用是微乎其微的。

5. 科举考试

清代八旗子弟教育有明显的重武备而轻文事的特点。此外，因清政府的特殊“关照”，清初八旗子弟在进入仕途时可不凭科第。因此，到咸丰年间东北开禁，汉民陆续移来之前，吉林假科第进身者少之又少。因为生员过少，在清朝前中期，吉林未有考棚之设，吉林的儒学生员，需到奉天城参加考试。一直到同治九年（1870），才始设吉林试院。

二、近现代满族学堂

光绪三十一年（1905），清廷明令废除科举，兴建学堂，随之吉林近代新学学校教育取代传统教育，并由此兴起。为保证旗人的教育，当时设有为数不少的旗属满族学堂。辛亥革命后，清朝统治结束，满族教育特权随之受到限制，吉林的官立、公立满族学校被拆并，但对旗人仍保留了一定的教育优待政策。

1. 近代教育

光绪三十一年（1905）废除科举后，当时的吉林省提学史司将原有的书院和义学改建为学堂。与吉林满族有关的教育机构有各级中小学堂和早期吉林省军事学堂。

（1）各级中小学堂

光绪三十三年（1907），由总协两署在乌拉城内合办乌拉初等小学堂，在乌拉城外开办一所初等小学堂和一所高等小学堂，此为清末旗属满族学堂设立之始。学生可免费入学，在学堂吃饭的学生须要缴纳伙食费。这些在清末为满族子弟设立的学堂都是专门学习汉文的学校。课程设置按照奏定章程，设修身、读经讲经、国文、历史、地理、格致、算数、体操等科目，不设满语课程。学堂内还设小学办公所，供董绅及周边塾师钻研教育以及考察学务。

光绪三十四年（1908），在吉林市巴尔虎门内开办吉林十旗二等小学堂，在新城府城东门外开办公立满蒙文二等学堂，在省城东莱门里学院街开设吉林满蒙中学堂，在省城巴尔虎门内开设吉林满蒙小学堂，在伊通州开办伊通州二旗公立小学堂。

伊通直隶州私塾传习所毕业照

上述学堂共招收学生920人，共有教员43人，职员22人。这种新式学校教育是近代吉林教育的主要形式。

（2）军事学堂

清末吉林设有一批军事学堂，其中与吉林满族有关的有两所，分别是吉林十旗武备学堂和东三省陆军学堂。

（3）满族私学馆

其是近代吉林官办教育的补充形式，数量也不少。光绪三十二年（1906），九台县（现吉林省长春市九台区）石屯武博鼎办满族私学馆。舍岭屯李继堂、石子伟等人及东哈什蚂、锦州屯、四家子屯等合办满族私学馆。据统计，当时共有私学馆12所，补充了吉林官办教育的不足。

2. 民国教育

（1）官立、公立学校满族教育

1912年，清朝统治结束，满族教育特权随之受到限制。在吉林，省城及乌拉的官立、公立满族学校于1912年被拆并，改为普通学校。新城府两级小学校和伊通二旗小学也被改为私立。尽管一些满族的官立、公立中小学被撤销，但对旗生仍用旗兵公产出租收入补助学费及留学生经费。1924年，吉林省长公署训令，增加前吉黑水师营旗生和十旗生的补助额，规定凡确定系两营旗生和吉林省籍学生，有该管佐领合法证明，均可享受补助。

根据民国十三年（1924）对吉林省满族旗生补助费及留学经费的统计，当时的满族旗生肄业后，有5种学校供其选择，分别是省内专门以上学校、省内中等学校、省外专门以上学校、国外留学日本学校及国外留学西洋学校。可见，当时对旗人还是保留了一定的优待政策。

（2）满族官学堂、专馆及私学馆

东北沦陷以前及光复之后，除了上述官立、公立学校保留了满族教育，吉林地区还重新兴办了一些满族官学堂、专馆及私学馆。

3. 沦陷时期教育

1931年九一八事变后，东北被日本占领，一直到1945年8月，日本战败。东北沦陷时期，日本侵略者在东北全面实行奴化教育。据《吉林省志》"教育志"记载，这一时期吉林满族学校一律被撤销，与普通学校合并。吉林满族教育处于停滞状态。

三、当代满族学校教育

新中国成立以后，党和政府对少数民族实行民族自治政策，吉林满族教育得到了恢复和发展。

1. 新中国成立至1985年

中华人民共和国成立之后，曾于1957年8月在吉林市成立满族中学，

1959年又改为吉林市化工专科学校。1978年在吉林省梨树、九台、伊通等县成立满族乡，并开始设立满族中小学。到1985年，吉林省的满族小学共计11所，中学共有2所。

1985年吉林省满族小学概况统计表

县别	校数（所）	班数（个）	学生数（人）		教职工数（人）	
			计	满族生数	计	满族数
合计	11	119	4 333	1 723	232	100
梨树县	5	59	1 844	871	117	59
九台县	5	54	2 286	684	102	33
伊通县	1	6	203	168	13	8

1985年吉林省满族中学概况统计表

县别	校数（所）	班数（个）	学生数（人）		教职工数（人）	
			计	满族生数	计	满族数
合计	2	38	2 341	852	137	37
梨树县	1	22	948	396	73	18
九台县	1	16	1 393	456	64	19

注：九台县（现吉林省长春市九台区）满族中学附设两个职业班。

2. 1985年至今

1985年以来，吉林满族教育几经发展，现已形成由小学、中学、高等教育相结合的完善的教育体系，同时各种满学研究机构及社会培训机构也大量出现。现吉林省共有1个满族自治县，15个满族（含满族朝鲜族）乡镇，这些满族县、乡（镇）原均设有满族中小学。近10年以来，由于计划生育政策的执行，农村城市化进程加快，农村人口锐减，有些学校被裁并。但到目前为止，据不完全统计，仍有不下20余所。2000年以来，满学研究也日益得到吉林省内各高校、科研单位的重视，纷纷成立研究机构，并在大学开设满族历史文化专业，培养满学专业本科生及硕士、博士研究生。随着满族文化濒危状况日益严重，社会满语培训机构也不断出现。

（1）满族中小学

据现有资料统计，目前，仅吉林市地区的5个满族乡镇就有满族中小学校19所，在校学生7698人。但是这些学校基本没有开设满族民族教育的师资条件，当前，真正能够开展民族特色教育的满族中小学为数较少。

伊通满族中学运动会

伊通县伊通镇满族中心小学

（2）高等院校

吉林师范大学

吉林师范大学2000年成立满族文化研究所，该研究所是吉林省首家满

吉林师范大学满族民俗馆

族文化学术研究机构，也是东北地区较早成立的满学研究专门机构。

2008年以来，吉林师范大学历史学专业就在本科开设满族文化特色课程；2012年，在本科开设“满族历史文化”方向满语小班；同年，获批目录外自主设置二级学科“满族历史与文化”硕士学位授权点，并成功获批服务国家特殊需求“满族语言文化”博士人才培养项目，现已形成本科—硕士—博士一体化的满学人才培养体系。

长春师范大学

长春师范大学2004年成立萨满文化研究所，该所是专门研究满族萨满文化的重要研究机构。自2011年开始在历史学本科开设满语课程。

长春大学

长春大学2004年建立萨满文化研究中心。该研究所积极开展满族文化的挖掘、保护与研究，对满族文化研究及人才培养做出了重要贡献。

除了上述几所高校，吉林大学、东北师范大学、通化师范学院等高校也关注满族文化研究及人才培养。吉林大学历史系及北方民族研究所，东北师范大学历史系及明清史研究所都非常重视满族文化的挖掘、保护与研究，并培养相关的硕士、博士研究生。通化师范学院在满族剪纸艺术人才培养方面发挥了重要作用。

（3）社会满语培训

目前，吉林的社会满语培训主要有东北师范大学历史文化学院满语班、东北师范大学满族历史语言文化研究中心师资培训班暨白山三中满族学堂寒暑假满语班和吉林市满语班。

此外，还有一些学会也兼关注满族文化相关培训。这些社会满语培训班，虽然具有一定的不规范性，但是作为正规学校培训的必要补充形式，为满文满语的传承做出了相应的贡献。

第八章 灿若群星的民族精英

一、明清时期名人

吉林满族名人辈出，其数量远在其他少数民族之上。从清初名将巴奇兰，抗击沙俄英雄巴海、萨布素、杨凤翔，到首次进行中朝边界勘界活动的穆克登等，都在政治、经济、文化等各个领域，为吉林及东北，乃至为清代国家的建设与发展做出了重大贡献。

1. 巴奇兰

巴奇兰（？—1636），纳喇氏，世居伊巴丹（今伊通满族自治县伊丹镇）。清初名将。

太祖兵初起，巴奇兰率众来归，被编入满洲镶红旗。后巴奇兰随太祖南征北战，屡建战功，不断升迁。在沙岭战斗中，巴奇兰率五牛录兵当前锋，身先士卒，勇猛冲杀，打败了明军。天命十一年（1626），随努尔哈赤攻打宁远，未能取胜，转而攻陷明辽东水军和粮草基地觉华岛，因功授轻车都尉（清代世袭的爵位之一，品级视三品）。

太宗即位，各旗设调遣大臣二，巴奇兰佐正黄旗。天聪七年（1633），巴奇兰以步军统领身份随贝勒岳托进攻旅顺口明军立下战功，晋升为男爵（清代世袭的爵位）。天聪八年（1634）冬，随皇太极征黑龙江诸部，第二年凯旋，晋爵一等。天聪十年（1636）2月，在旅顺口作战时，因创伤复发而死亡，恤赠子爵，由其子拜山袭。葬于沈阳城北文官屯西7.5公里、叶赫人一等男爵鄂莫克图巴图鲁墓东侧。

巴奇兰戎马一生，身经百战，功勋卓著，为清初名将之一。巴奇兰后裔枝繁丁盛，隶满洲镶红旗第一参领所属之第二、第三、第四佐领。

2. 巴海

巴海（？—1696），苏完部瓜尔佳氏。首任吉林将军。其父沙尔虎达是清初著名的军事将领，任宁古塔昂邦章京，管辖开原以北、外兴安岭以南、滨海地区包括库页岛在内的广大地区。任职期间，多次痛击沙俄入侵者，为东北边疆的安宁做出了卓越贡献。巴海袭其父一等男爵，被授为宁古塔总管，他继承父志，组织和领导了抗击沙俄、保卫边疆的斗争。

康熙元年（1662），巴海被授为首任宁古塔将军。为有效抗击沙俄入侵，他一方面加强对边疆各民族的管理，增加防卫力量，一方面积极操练军队，整备器械。康熙十年（1671），巴海命宁古塔副都统安珠瑚移驻吉林；康熙十二年（1673），开始在吉林建城设治；康熙十五年（1676），巴海从宁古塔移驻吉林。移驻吉林后，巴海调来内地汉族工匠修造战舰，兴建水师，不久又开设了由京城经盛京至吉林城的1 120公里大驿道。这条驿道是进一步沟通前往抗俄前线的交通要道，为后来雅克萨之战的胜利奠定了基础，也使吉林成为仅次于盛京（今沈阳）的东北区域政治、经济、军事和文化中心，开吉林建制之始。

康熙二十五年（1686），就在昔日的部将、新任黑龙江将军萨布素率军取得雅克萨大捷之时，巴海因病去世，康熙帝为他举行了隆重的葬礼。巴海作为清朝的东北边疆重臣，仕途虽几经起伏，但他对边疆的政治、军事建设与抗俄斗争做出了重大贡献。巴海父子相继驻守边疆，抗击沙俄侵略30余年，共同谱写了东北大地的一曲雄浑壮歌。

3. 安珠瑚

安珠瑚（？—1686），苏完瓜尔佳氏，字介秋。父阿喇穆，任牛录额真，顺治元年（1644）从龙入关，在与李自成农民军的战斗中不幸战死。由于父辈战功余荫，安珠瑚承袭半个前程世职（为“拖沙喇哈番”，是清初最低的爵位，汉译云骑尉）。后遇恩诏，累进三等阿达哈哈番，任甲喇章京。由于他通晓满汉两种文字，因此又被选入翰林院，任检讨一职。

康熙六年（1667），安珠瑚升任宁古塔副都统。康熙十年（1671），被派往吉林船厂驻防。康熙十二年（1673），指挥官兵监造吉林乌拉城（今吉林城）。当时修建的吉林乌拉城南依松花江，无城墙，东、西、北三面竖松木为墙。墙高2.67米，东、西两面各长250步，北面长289步。初设东、西、北三门，墙外有池（护城壕），周长3.5公里零180步。应该说，出于造船的需要，吉林建城顺理成章。建造吉林城，安珠瑚功不可没，他是吉林城建设的功臣。

康熙十七年（1678），安珠瑚升任盛京将军。康熙二十二年（1683），因与副都统不合，被革职，发往乌拉（吉林）效力。安珠瑚虽遭此打击，仍为国尽忠。1683年沙俄侵犯黑龙江，安珠瑚以65岁高龄参战，被委以前锋参领。康熙二十四年（1685），安珠瑚随同吉林将军彭春攻雅克萨城，因功被授索伦总管一职。不久，安珠瑚因病退休，到吉林城安度晚年。康熙二十八年（1689），安珠瑚去世，享年68岁，葬于西团山。安珠瑚一生战功卓著，为捍卫国家领土做出了巨大贡献。

4. 萨布素

萨布素，富察氏，原籍宁古塔南马场（今黑龙江牡丹江市宁安卧龙乡英山村）。其生卒年代现有异议，出生年代有生于天聪三年（1629）、天聪八年（1634）、天聪九年（1635）三种说法，去世年代有康熙四十一年（1702）、康熙四十四年（1705）两种说法。

萨布素

萨布素精于骑射，勇略过人，曾效力于沙尔虎达，分别在顺治十一年（1654）、顺治十二年（1655）、顺治十四年（1657）同沙俄进行作战，抵抗沙俄入侵。顺治十六年（1659）正月，沙尔虎达病逝后，萨布素随即在将军巴海手下任职。康熙三年（1664），因战功，晋为防御。康熙七年（1668），升为佐领；康熙十五年（1676），晋升为协领；康熙十八年（1679），擢升为宁古塔副都统；至康熙二十二年（1683），提任黑龙江将军。萨布素经略吉林、黑龙江，积极抵抗沙俄侵略，保护领土主权，最终，康熙二十八年（1689）《中俄尼布楚条约》签订。该条约给东北换来了长时间的安定局面。

康熙三十五年（1696）春，噶尔丹叛乱，萨布素统黑龙江及盛京、宁古塔三路大兵护驾亲征。萨布素带领的东北劲旅所向披靡，配合其他两路人马征战，最终击败噶尔丹。萨布素因病离世后，其季子常德（时任宁古塔副都统）于雍正五年（1727）意欲将萨布素遗骨从京移回宁古塔归葬祖茔。当船只行至三姓（今黑龙江依兰县）时，突遭暴雨，牡丹江水猛涨，萨布素灵柩遗落水中，打捞不得。常德只好在宁安城南月牙河旁为其父立了一座“衣冠冢”。

萨布素一生为国为民殚精竭虑，在维护国家主权和安定民生方面做出了重大贡献，他的历史功绩值得后人传颂。

5. 穆克登

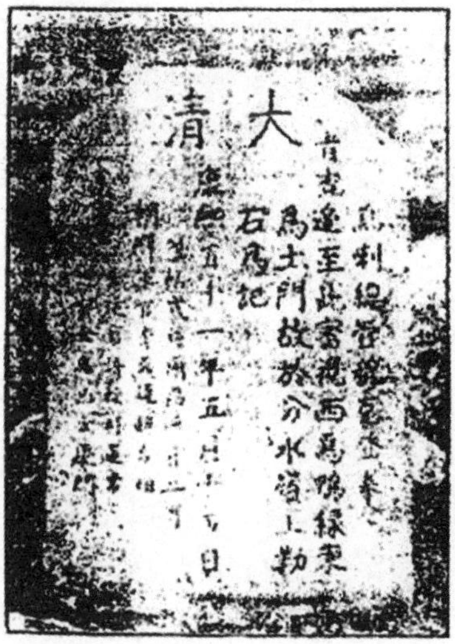

穆克登碑拓片

穆克登（1664—1735），富察氏（傅姓），吉林市乌拉街人。康熙二十三年（1684）任康熙皇帝侍卫。康熙三十七年（1698），从京城返回故里，任打牲乌拉第四任总管。康熙五十一年（1712）奉康熙帝之命，代表清政府与朝鲜李朝京官李义复等人赴长白山分水岭处议定中朝两国边界。康熙五十八年（1719）授吉林副都统，转年授吉林、乌拉街两城八旗兵前锋统领。雍正三年（1725）出师新疆，任阿尔泰等处地方将军，事后返吉。雍正十年（1732），再次率兵赴新疆巴里坤驻防，授内务大臣。雍正十三年（1735），因劳累成疾病逝。卒后，雍正帝追封其“光禄大夫”。

他在担任打牲乌拉总管期间，由于专门负责山林等事务，勇武有力，登山矫健。在御前任职时期，其勇猛和果敢也颇受康熙帝的赏识。康熙五十八年（1719）三月十六日，康熙下谕褒奖，称：总管穆克登在治理乌拉期间，声誉和威望很高，勇猛果敢，因此，任命他为副都统，打牲乌拉、船厂乌拉的一千兵丁，归他管辖。穆克登一生中一个重要政绩，就是尊奉清朝政府的命令，对中朝边境国界进行了较为系统的勘察活动，也就是所谓“穆克登查边”。这次查边，厘定了中国与朝鲜陆上疆界，避免了中朝的边境争端。

“穆克登查边”是中国政府进行的首次勘界活动，在勘界活动中，穆克登以及随行人员历尽千辛万苦，克服重重困难，摆脱朝鲜方面的干扰，采用较为先进的技术手段，对中朝边界进行了勘察，并对所勘察地区进行了较为详细的测绘，得出大量数据信息，找到了鸭绿江、图们江、松花江的源头。当时的测绘结果与今天的测绘成果极为接近，尤其是这次查边，中朝两国共同参与，在长白山顶立审视碑及朝鲜国王的《谢定界表》，表明中朝两国政府再次共同确认鸭绿江、图们江为中朝界河。

6. 依克唐阿

依克唐阿（1834—1899），字尧山，扎拉里氏（张姓），祖居蒙古察哈尔，康熙年作为八旗驻防迁至今吉林伊通县境，其出生地在今伊通满族自治县马家屯。

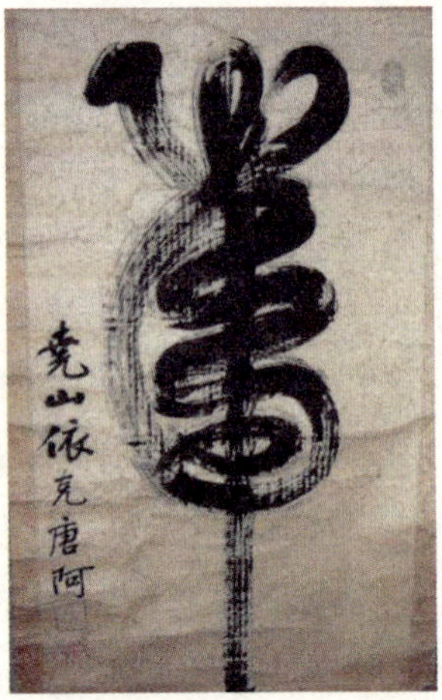
依克唐阿字

自咸丰二年（1852）入伍从征开始，依克唐阿随军先后转战江浙、安徽、山东、河南等地，在镇压农民起义过程中，因作战勇猛，“屡著战绩”，不断得到升迁。咸丰六年（1856）被朝廷赏戴蓝翎，擢升为骁骑校。在讨伐捻军的过程中，依克唐阿大败捻军张洛行于大回村、濉溪口，累积军功升至佐领。同治初年，东北地区柳条边外农民起义兴起，依克唐阿随军回吉林驻防。“马贼陷伊通”后，依克唐阿率部袭击，以少胜多，并斩杀其首领刘果发等，又破马贼于昌图，攻克刘家店，收复长春厅。因其战功卓著，清政府将依克唐阿官职迁至佐领，并赐勇号为法什尚阿巴图鲁（汉意为忠诚的勇士）。其后，依克唐阿又积极搜捕残匪，擒获盗匪首领白淩阿、焦西平等，被朝廷加衔为副都统。同治八年（1869）被清政府任命为墨尔根（今嫩江）副都统。后历任署理黑龙江将军、瑷珲副都统、呼兰副都统等职。光绪年间，奉命驻防吉林珲春，任珲春首任副都统，掌管马步各军防御俄人入侵，后又兼帮办吉林边务事宜。光绪十五年（1889），依克唐阿因功勋显赫，被擢升为黑龙江将军。甲午战后，又被清政府赏给头品顶戴，授镶黄旗汉军都统；同年任盛京将军。光绪二十五年（1899）三月，依克唐阿病逝于盛京将军衙署，谥号“诚勇”。

依克唐阿在东北任职期间，整军备武、屯田戍边、加强边防力量，在与沙俄进行的勘界和领土交涉中，维护国家利益，在很大程度上抵制了沙俄侵占我国北方领土的企图，并亲自率军抵抗日本军队的入侵。在施政方面，他励精图治、招民垦荒、修筑道路、兴办矿务，为地方经济的发展也做出了巨大贡献。

7. 萨英额

萨英额，生卒年不详，字吉夫。道光初任吉林将军衙门堂主事，后升任西陵工部郎中。萨英额祖上本为汉姓张氏，后隶满洲正黄旗。其宗祖苏勒芳阿由京师调往吉林乌拉任正黄旗佐领，历五世而至萨英额。

萨英额受吉林将军富俊嘱托，编撰《吉林外纪》（又名《吉林统志》），于道光七年（1827）成书。本书向来以抄本形式与嘉庆年间西清所撰《黑龙江外纪》相辅流传于世。待到光绪年间，收至桐庐袁氏《渐西村舍丛刊》及《广雅书局丛书》等中，流世尤广。《吉林外纪》共10卷，其内容为：卷一御制诗歌；卷二疆域、形胜、山川、城池；卷三满洲蒙古事、建制沿革、驿站、船舰、桥梁；卷四职官、兵额；卷五俸饷、仓储事宜；卷六学校教习、学额、儒林、文苑、祠祀；卷七田赋、物产、公署、人物；卷八时令、风俗、贞节；卷九杂记、古迹；卷十双城堡、伯都讷屯田等。其书虽不免有讹误疏漏之处，但仍为研究吉林地区不可或缺的地方史志书目。

8. 凤翔

凤翔（1840—1900），又名锡凤，字集廷，杨氏。祖籍云南，康熙年间举家迁到吉林，此后，世代定居在吉林府克勤社前五家子屯（今永吉县桦皮厂镇东胜村）。清末著名爱国将领、民族英雄。

历任笔帖式、蓝翎骁骑校、镶红旗汉军佐领、五常堡协领、吉林协领、吉林鸟枪营统辖参领等职，后赴珲春帮办边务，并在吉林机器局和永衡官帖

杨凤翔

局的创建和发展中做出了重要贡献。光绪二十六年（1900）八月，在瑷珲抗击沙俄入侵的战斗中殉国。

凤翔以身殉国后，清政府屈服于沙俄的无理要求，竟宣布其“有罪”，革去其副都统职务。其后有人提出应予昭雪，清廷却一再“从缓置议”，使这位民族英雄长期受到不公正的对待。

但黑龙江将军程德全多次向朝廷上奏为凤翔昭雪。终在光绪三十年（1904），被追授为“光禄大夫、一品建威将军”，并得树碑立传。后又在故乡修建陵园一座，周围10米，内有石人、石马、石虎、石羊、石望柱各二，中间竖立石碑一座，正面刻着清皇诰封“光禄大夫建威将军凤公讳翔甫集廷之墓”。

凤翔作为汉军旗人出身的清朝将领，驻守边疆多年，力主抗战守土，多次率军抗击沙俄入侵，屡建功勋，在花甲之年，仍亲临战场杀敌，最终英勇殉国，无愧为清末一位守土抗敌的爱国将领。

二、近现代精英

近现代以来，国破家亡，政局动荡，东北地区更是命运多舛，大批的吉林满族精英、爱国志士投身于革命斗争及文化建设。尤其九一八事变日本侵华后，他们以满腔热忱投入到抗日救亡运动中，甚至献出了宝贵的生命。他们是中华民族的英雄。

1. 成多禄

成多禄（1864—1928），原名恩令（恩龄），字竹山，号澹堪，室园名榆庐、澹园、十三古槐馆。生于今吉林九台其塔木，是近代著名满族诗人、书

成多禄

法家，“吉林三杰”之一。祖居山西，清初迁至京师，隶汉军正黄旗。康熙年间自其七世祖开始由关内迁至乌拉，后又北迁其塔木（今属长春市九台区其塔木镇）。其父荣泰官至打牲乌拉总管衙门六品骁骑校，授中宪大夫。成多禄光绪十四年（1888）先后任奉天盛京将军依克唐阿、齐齐哈尔副都统程德全幕主文案；光绪二十一年（1895）首任绥化知府，3年后辞去其职，随原黑龙江巡抚远赴江苏。辛亥革命后北还，并于民国初年出任吉林省第二届参议院议员及中东铁路理事会理事。1927年任中华民国教育部审核处处长，兼北京图书馆副馆长。成多禄晚年寓居北京，辟宅院为澹园。1928年病逝于吉林寓所，享年65岁。

成多禄一生淡泊名利，主要以诗歌、书法见称于世，尤其书法造诣颇深，被今人赞为东北四大书圣之一。流传墨迹有于荫霖著《悚斋诗存》写印本1卷、吉林北山《代省长王公维宇德政碑》书丹等。因为官期间清廉爱民，有“清廉太守”之誉。

2. 松毓

松毓

松毓（1863—1929），民主革命者，字秀涛，别号松阳馆主、松阳山人，郝舍里氏（何姓）。吉林省吉林市郊温德河子屯人。他是中国近代史上著名的爱国绅士和民主革命家、教育家，一生致力于民生和教育，为吉林地方发展和建设付出了毕生精力，为资产阶级民主革命做出了杰出贡献。

松毓曾任黑龙江绥兰海兵备道与二品衔吉林特用道。然而优越的社会地位并没有使他安于现状，他逐渐接受了民主思想，并走上了革命之路，从维新派转变为资产阶级民主革命者。

光绪三十二年（1906），松毓与留日学友以及吉林同盟会员共同组建吉林地方自治会，自任会长。次年创办《自治报》和“自治研究所”，并成立吉林省商务总会。1908年，出任吉林公民保路会会长后，率领各界爱国人士进行反日斗争，从日本人手中夺回了吉（林）长（春）铁路筑路权。随后创办了竞权女子学院和毓文中学。又创办了《公民报》（今《吉林日报》前身），大力宣传救国和民主思想。

武昌起义爆发后，组建了奉天联合急进会吉林分会，自任会长，并致函孙中山，吁请革命政府出师北伐，救东三省人民于水火之中，同时捐出金条20根以表资助。孙中山改组同盟会为国民党后，松毓加入了国民党，并为参议。由于积极支持和投身革命，松毓受到了革命者的广泛赞誉和高度评价，孙中山就曾称他为“率一族人参加民族革命于旗下的满族豪杰”。

3. 吴克仁

吴克仁（1894—1937），字静山，光绪二十年（1894）生于吉林宁古塔三道湾村（今黑龙江牡丹江市宁安）。1915年，考入保定陆军军官学校炮兵科。1925年，赴日本炮兵学校学习。回国后，先后任东北陆军讲武堂炮兵研究班主任，兼炮兵教导队队长、东北炮兵第18团团长、117师师长等职。1936年4月，升任国民革命军陆军第六十七军副军长，随军长王以哲驻延安，执行合作抗日的协定，为红军输送弹药物资。后升任第六十七军军长，率部驻防皖北、豫东地区。

吴克仁

抗日战争全面爆发后，吴克仁指挥所部在津浦线姚马渡阻击南下的日军中岛师团。后因上海战事吃紧，吴克仁率部调往松江。1937年11月5日，日军第六、十八师团在杭州湾金山卫登陆，猛扑松江，企图迂回包抄上海。吴克仁奉命死守松江3日，以掩护上海守军撤退。吴克仁率部在松江苦战至11月8日夜，终于完成任务。9日，率余部突围。傍晚，撤退至青浦白鹤港时，与日军穿插部队遭遇，交战中，吴克仁中弹牺牲。吴克仁是抗日战争中中方牺牲的最高军衔将领。

4. 陈翰章

陈翰章（1913—1940），吉林敦化人。抗日战争时期著名抗联将领。陈翰章自幼性情刚毅，聪明好学。1932年9月投笔从戎，参加了东北救国军，任前方司令部秘书。1935年，陈翰章回到东北，历任东北抗日联军第五军第二师参谋长，兼师党委书记、第二军第五师师长、党委书记、中共南满省委委员、抗联第三方面军指挥等职。在极其艰苦的条件下，他率部转战于镜泊湖等吉黑两省交界地区，同敌人进行了长期的、艰苦卓绝的斗争，沉重打击了日本侵略者的嚣张气焰。1940年秋，敌人调重兵围剿陈翰章部，在雪野寒冬，给养匮乏的形势下，他毅然决定亲自率领60余人的小分队留守镜泊湖地区，牵制敌人，掩护三方面军主力突围转移。同年12月，由于叛徒出卖，小分队被敌人包围。在生死关头，陈翰章拒绝了敌人的劝降，沉着冷静，临危不惧，积极掩护其他同志奋力突围，最后壮烈牺牲，年仅28岁。

陈翰章将军碑

民　歌

镜泊湖水清亮亮，
一棵青松立湖旁。
喝口湖水想起英雄汉，
看见青松忘不了将军陈翰章。

5. 安瑞芝

安瑞芝（1915—1935），姓阿尔奇氏。1915年，出生于珲春市马川子乡的一个农民家庭。1925年春，入珲春县纯义乡图鲁村小学学习。1929年，入珲春镇女子小学高小班学习，开始受到进步思想影响，并逐步懂得抗日救国的道理。1931年春，考入珲春女子师范讲习班，积极参加学校进步师生组织的反日活动。同年8月，离校返回家乡，因宣传抗日救亡遭到伪自卫团追捕。1931年10月，满怀抗日救国信念前往春化参加救国军。不久，毅然离开并不救国的“救国军”，投身中国共产党领导的抗日游击队，活动在杨木林子、烟筒砬子一带。1933年10月，被调到烟区南沟做妇女工作，经常在石灰窑南沟、杨木林子等地开展抗日宣传活动，发动妇女支援游击队的武装斗争。同年，加入中国共产党，成为烟区唯一的满族女党员。1935年2月3日，与游击队女战士黄贞信（朝鲜族）、崔贤淑（朝鲜族）执行完任务返回马滴达密营时，突然遭到日伪“讨伐队”的包围。她们3人紧紧抱在一起，纵身跳向3米多高的石头砬子下的水池。但是，池水已经结冰，敌人又号叫着围了上来，逼3人投降。她愤怒地喊道：“你们打错了算盘，我死也不投降！开枪吧，我们3个人的血要流到一起！”随着敌人的枪声，她与两名女战士一起壮烈牺牲。安瑞芝牺牲时年仅20岁。

6. 伊俊山

伊俊山

伊俊山（1908—1964），原名伊绍宗，字少师，曾用名伊少，东北抗日联军领导人之一。1908年11月生于吉林拉林东城子沟子沿屯（现黑龙江省五常市拉林镇）。

伊俊山1928年考入北平大学商学院，同年赴日本铁道学校学习，1930年回国。九一八事变后，他以满腔热忱投入到抗日救亡运动中。1934年投笔从戎，奔赴东北抗日游击区，同年加入中国共产党，在绥宁反日同盟军总部政治部负责印刷所的反日宣传工作。

1935年2月，东北反日联合军第五军成立，伊俊山任第一师第三团政委。1937年3月，任抗联第二军独立旅政委。1940年，伊俊山调任第一路军第二方面军政治部主任。

抗战胜利后，于1946、1947年间，伊俊山先后担任牡丹江军区政治部民道科长、绥阳县县长、专员公署秘书室主任，牡丹江省建设厅秘书主任等职。

1953年，伊俊山调冶金部黑色冶金设计公司任副经理。正当伊俊山为社会主义建设而勤勉工作之时，因病医治无效，于1964年3月18日在北京病逝，终年56岁。

7. 关玉衡

关玉衡（1898—1965），原名瑞玑，字玉衡，祖姓叶赫瓜尔佳氏，1898年出生于吉林宁古塔（今属黑龙江省牡丹江市宁安）。

关玉衡

他的父亲关福绵时任大清国宁古塔三品协领（当地人称之为福大人），民国初年当选吉林省议员。良好的家庭环境和教育使关玉衡性情豪爽刚直，疾恶如仇，从小即形成了练就本领守土保边的坚定信念。他勤学苦练，不仅精通骑马射箭，而且武艺高强。生性耿直的关玉衡在15岁时，因闹学潮被学校开除，遂投笔从戎，于1913年考入长春陆军随营学校。1916年考入东北奉天讲武堂炮兵科学习军事，这段学习经历不仅使他人品优秀，气质不凡，也为他后来高超的军政能力打下了深厚的基础，同时也使他与张学良成为同窗挚友。

1926年，关玉衡随张作霖入关，任帅府驻京军务处长，后调任东北军炮兵参谋处长、兴安屯垦区公署军需处处长，兼第三团团长。1931年9月处死4名日本间谍（中村事件）后逃入关内，参加东北义勇军后援会，先后建立开鲁后援会和辽北蒙边抗日义勇军，任右路军总指挥，领导热河抗战。1935

年，关玉衡到西安，任少将炮兵师长兼横山县县长，与中共联系密切。

新中国成立后，当选为黑龙江省人大代表、政协委员，受到毛主席、周总理接见。1965年病逝，享年68岁。

8. 关山复

关山复

关山复（1915—2010），曾用名关恩吉，祖姓瓜尔佳氏，隶满洲镶黄旗，吉林伊通满族自治县新家乡人。

其父曾从军随伊克唐阿参加甲午战争，对关山复产生重要影响。关山复小学就读于伊通县二旗小学；毕业后，赴沈阳读中学；九一八事变后，流亡到关内。1933年秋，考入北平东北大学俄国文学系（翌年更名为法学院边疆政治系）。1935年投身革命，加入中华民族武装自卫会，参加了“一二·九”北平学生抗日救亡运动。1936年2月加入中国共产主义青年团，同年4月加入中国共产党。1937年，毕业于北平东北大学边疆政治系。

土地革命战争时期，关山复曾任共青团北平市委宣传部长、中共北平市北区区委书记，兼东北大学支部书记。抗日战争时期，任中共武安县委书记、晋冀豫区党委副秘书长。解放战争时期任吉林省德惠县长、吉林省民政厅长、省政府党组成员。新中国成立后，历任中共中央东北局统战部副秘书长、副部长，兼东北行政委员会委员，东北民族事务委员会主任，中共吉林省委常委、秘书长、副书记、书记处书记，中共中央东北局委员、东北局宣传部长，中国科学院哲学社会科学部党组书记兼副主任，中国社会科学院党组成员，最高人民检察院党组成员、秘书长、副检察长、检察委员会委员等职。1996年1月离休。

离休后，任最高人民检察院咨询委员会委员。是中共第七次、第八次全国代表大会代表，第一、二、三、五、六、七届全国人大代表，第一、二、三、六、七届全国人大民族委员会委员，被聘任为全国统一战线理论研究会顾问和中国民族理论研究会顾问。2010年6月15日于北京逝世，享年95岁。

关山复非常了解本民族的历史，热爱民族文化，曾为《满族风情录》作序，全面深刻地总结了满族历史、文化，满族对中国的历史贡献及发展现状。他热爱家乡，关心民族的发展，为吉林，为伊通满族自治县的建设及发展做出了重大贡献。

参考文献

一、古籍

司马迁．史记．北京：中华书局，1959
郭璞．山海经．北京：京华出版社，2000
陈寿．三国志．北京：中华书局，1999
范晔．后汉书．北京：中华书局，1965
魏收．魏书．北京：中华书局，1974
房玄龄．晋书．北京：中华书局，1974
李延寿．北史．北京：中华书局，1974
李百药．北齐书．北京：中华书局，1974
刘昫．旧唐书．北京：中华书局，1974
欧阳修．新唐书．北京：中华书局，1975
宇文懋昭．大金国志．北京：中华书局，1986
徐梦莘．三朝北盟会编．上海：上海古籍出版社，1987
马端临．文献通考．北京：中华书局，1986
脱脱等．金史．北京：中华书局，1975
茗上愚公．东夷考略．长春：吉林文史出版社，1987
毕恭．辽东志．《辽海丛书》本，沈阳：辽沈书社，1985
宋濂．元史．北京：中华书局，1976

萨英额. 吉林外纪. 长春：吉林文史出版社，1986
郭熙楞. 吉林汇征. 长春：吉林文史出版社，1993
杨宾. 柳边纪略. 长春：吉林文史出版社，1993
长顺等. 吉林通志. 长春：吉林文史出版社，1986
方拱乾. 绝域纪略. 长春：吉林文史出版社，1995
阿桂修. 钦定满洲源流考. 东北史志本，北京：全国图书馆文献缩微复制中心，2004
吴桭臣. 宁古塔纪略. 长春：吉林文史出版社，1995
西清. 黑龙江外记. 北京：全国图书馆文献缩微复制中心、天龙长城文化艺术公司，2004
张凤台. 长白汇征录. 长春：吉林文史出版社，1986
曹廷杰. 东三省舆地图说. 沈阳：辽沈书社，1985
高士奇. 扈从东巡日录. 北京：全国图书馆文献缩微复制中心、天龙长城文化艺术公司，2004
张凤台. 长白汇征录. 长春：吉林文史出版社，1986
昭梿. 啸亭杂录. 北京：中华书局，1980
索宁安. 满洲四礼集. 北京：书目文献出版社1998年
索宁安. 第·满洲婚礼旧规序. 北京：书目文献出版社，1998
李民寏. 建州闻见录. 沈阳：辽宁大学历史系，1978
明太宗实录. 台北：台湾“中研院”历史语言研究所，1962
满洲实录. 北京：中华书局，1985
清太宗实录. 北京：中华书局，1985
满文老档. 北京：中华书局，1990
清实录. 北京：中华书局，1985
清朝文献通考. 杭州：浙江古籍出版社，2000

大清会典事例．台北：台北新文丰出版公司，1976

赵尔巽．清史稿．北京：中华书局，1977

刘爽．吉林新志．长春：吉林文史出版社，1991

郭熙楞．长白汇征录．长春：吉林文史出版社，1995

王树楠．奉天通志．沈阳：沈阳古旧书店，1983

魏声龢．鸡林旧闻录．北京：全国图书馆文献缩微复制中心、天龙长城文化艺术公司出版，2004

徐珂．清稗类钞．北京：中华书局，1984

柳成栋．依兰旧志五种．呼和浩特：内蒙古文化出版社，1991

中国第一历史档案馆．康熙起居注．北京：中华书局，1984

徐鼒霖．永吉县志．长春：吉林文史出版社，1988

王聘珍．大戴礼记解诂．北京：中华书局，1983

刘康德．淮南子直解．上海：复旦大学出版社，2001

二、论著

《满族简史》编写组．满族简史．北京：中央民族大学出版社，2005

庄吉发．清史拾遗．台北：学生书局，1992

郭沫若．中国历史地图集．北京：地图出版社，1979

董万仑．东北史纲要．哈尔滨：黑龙江人民出版社，1978

金启孮．满族历史与文化简编．沈阳：辽宁民族出版社，1992

何光岳．东夷源流史．南昌：江西教育出版社，1990

谭其骧．中国历史地图集．上海：上海古籍出版社，1986

金毓黻．东北通史．长春：社会科学战线杂志社，1990

张博泉等. 金史论稿. 长春：吉林文史出版社，1986

尹郁山. 乌拉史略. 长春：吉林文史出版社，1988

《伊通满族自治县概况》编写组. 伊通满族自治县概况. 北京：民族出版社，2007

刘小萌. 满族从部落到国家的发展. 沈阳：辽宁民族出版社，2001

陈光贻. 稀见地方志提要. 济南：齐鲁书社，1987

李秉新，徐俊元等. 清朝野史大观. 石家庄：河北人民出版社，1997

胡朴安. 中华风俗志. 石家庄：河北人民出版社，1986

秋浦. 萨满教研究. 上海：上海人民出版社，1985

富育光，孟慧英. 满族萨满教研究. 北京：北京大学出版社，1991

王锺翰. 满族历史与文化. 北京：中央民族大学出版社，1996

莫东寅. 满族史论丛. 北京：三联书店，1958

刘小萌. 清代八旗子弟. 沈阳：辽宁民族出版社，2008年

魏声和等. 吉林地志. 长春：吉林文史出版社，1986

吕大吉，何耀华. 中国各民族原始宗教资料集成. 北京：中国社会科学出版社，1999

吉林省地方志编纂委员会. 吉林省志·民族志. 长春：吉林人民出版社，1992

石光伟，刘厚生. 满族萨满跳神研究. 长春：吉林文史出版社，1992

吉林市博物馆. 吉林史迹. 长春：吉林人民出版社，1984

戴玉芬，陆军、赵锡岐等. 九台县志. 长春市地方志编纂委员会，2001

关志伟. 话说乌拉. 长春：吉林人民出版社，2008

尹锡庆. 珲春满族. 长春：吉林文史出版社，2008

关志伟. 吉林满族风俗. 长春：吉林人民出版社，2006

孙邦. 吉林满族. 长春：吉林人民出版社，1991

长春市九台区政协文史资料委员会. 九台文史资料. 内部资料，1997

国务院人口普查办公室、国家统计局人口和就业统计司编. 中国2010年人口普查资料. 北京：中国社会科学出版社，2012

波·少布. 黑龙江满族. 哈尔滨：哈尔滨出版社，2008

政协扶余文史资料委员会. 扶余文史资料. 扶余市印刷厂印内部资料，1990

后 记

为了保护、传承和弘扬吉林各民族优秀传统文化，增强文化认同，促进各民族交往、交流与交融，建设各民族共有精神家园，在全省上下进一步营造和彰显关心、支持民族工作的良好氛围，吉林省民族事务委员会责成吉林省民族宗教研究中心组织策划完成了《吉林少数民族丛书》(以下简称《丛书》)。

《丛书》由《吉林朝鲜族》《吉林满族》《吉林蒙古族》《吉林回族》《吉林锡伯族》等五卷和《吉林少数民族风情》画册组成。全书各卷的编著者分别来自延边大学、吉林师范大学、吉林省教育学院、通化师范学院和吉林省民族宗教研究中心等高校和科研院所，均由热爱并熟悉本民族文化的专家学者担任，并吸纳了省内很多中青年学者参与编写工作，同时邀请了金炳镐、刘小萌、赵杰、吴元丰等众多享誉国内外的专家学者担任学术顾问。

2014年11月，原省民委主任阿汝汗主持召开《丛书》编写启动工作会议以来，先后召开了推进会、审评会和出版对接会，严格按照出版计划安排有序开展工作。省民委朴松烈主任、包力军副主任等领导一直高度关注《丛书》编撰工作，亲自审定书稿，并提出许多宝贵建议。编写期间，更得到了省政协、省委宣传部、省委统战部、省文化厅、省文联等相关部门领导的大力支持和帮助，也得到了省内民族自治地方和各民族乡（镇）、省民委机关处室、各地民委的全力配合。这套《丛书》列入了吉林省社科规划办重点委托项目，辽宁民族出版社吴昕阳副总编辑与张学林、佟强、李璜等编辑为《丛书》的顺利出版付出诸多心血。《丛书》在编写中，还借鉴吸收了有关专家的研究成果。各卷在撰写调研期间，得到了省内外众多倾心民族事业朋友们的热情帮助，提供了许多宝贵资料与图片，无法一一列举，在此一并表示衷心的感谢。《丛书》图片提供参见《吉林少数民族风情》画册。

《丛书》的成功出版，不仅能让广大读者体察到时代和地域背景下吉林少数民族的现实生活，更是研究民族文化、了解民族工作的重要资料。

《吉林满族》由吉林师范大学满族文化研究所许淑杰所长主持。林德春负责撰写第二章；吴忠良负责撰写第三、五章；许淑杰负责撰写第六、七章；聂有财负责撰写第八章；林德春和聂有财负责撰写第一章；邱广军和许淑杰负责撰写第四章。聂有财承担了图片收集整理工作，李新宇、德格吉日呼、何苗、于洋参与了书稿补充工作。张学慧参与了本卷提纲策划和修改，并提供了部分图片；汪亭存、刘红彬参与了本卷的部分修改工作。最后，由许淑杰所长审定统稿。

《丛书》是在较短时间内编写的公益普及性民族读物，由于内容涉及面广，加之时间仓促，谬误和不足之处在所难免，在此深表歉意，恳请读者给予批评指正。

《吉林少数民族丛书》编委会

2016年5月11日